KB190765

복 있는 사람

오직 여호와의 율법을 즐거워하여 그 율법을 주야로 묵상하는 자로다.
저는 시냇가에 심은 나무가 시절을 좇아 과실을 맺으며 그 잎사귀가 마르지 아니함 같으니
그 행사가 다 형통하리로다. (시편 1:2-3)

20세기 그 어떤 출판물도 낡은 신학적 관념과 파편화된 정치사상, 사회적으로 구성된 인종적 오류를 이 책『예수의 가난한 사람들』만큼 뒤집지 못했다. 서먼의 이 저서는 반(反) 아파르트헤이트 운동가, 남미 인권 운동가, 시민권 옹호자, 그리고 지금은 '흑인의 생명도 소중하다' 운동 지지자들의 책상 위에 계속 등장하고 있다.

오티스 모스 3세, 트리니티연합교회 담임목사

하워드 서먼은 당대의 위대한 도덕적 지도자 중 한 사람이었고 이 책은 놓쳐선 안 될 그의 명저다. 이 책에는 기독교 윤리에 대한 단호한 비전과 지극히 작은 자, 나중 된 자, 잃어버린 자에게 예수의 삶이 의미하는 바가 무엇인지 잘 담겨져 있다. 서먼의 예언자적 증언과 날카로운 지성, 그리고 이 책에 담긴 통찰력은 처음 글로 옮겼던 1949년만큼이나 지금과 같은 격동의 시대에도 여전히 유효하다.

젤라니 콥, 『희망의 본질』(The Substance of Hope) 저자

『예수의 가난한 사람들』은 창조된 흑인 인간성의 신성함을 부정하는 세상에서 흑인 부모가 자녀들과 나누어야 할 대화의 내용이다.

켈리 브라운 더글러스, 전 유니온 신학교 성공회 대학원 초대 학장

나는 이 책을 주머니에 넣고 다니며 닳고 닳을 정도로 자주 읽었다.

마틴 루터 킹 2세, 목사

"세상이 무엇을 필요로 하는지 묻지 말라. 자신을 살아있게 하는 것이 무엇인지 묻고, 그 일을 행하라"는 하워드 서먼의 말처럼, 자신을 존중하면서 진실한 가치를 위해 살면 여러분은 진정한 행복을 찾을 것입니다.

2013년 하버드 대학교 졸업 축사 중
오프라 윈프리, 방송인

하워드 서먼은 늘 자신의 경계나 전통의 틀에 갇히지 않았고, 사회에서 소외된 보이지 않는 형제자매들에게 언제나 열려 있는 공동체를 꿈꿨다.

바바라 브라운 테일러, 피드몬트 대학 종교철학과 명예교수

나는 늘 하워드 서먼과 마틴 루터 킹과 같은 인물들의 어깨 위에 올라 서 있으면서, 그들이 행한 일을 끊임없이 생각하고 이야기한다.

버락 오바마, 미국 제44대 대통령

하워드 서먼은 20세기 가장 위대한 설교자 중 한 사람이다.

『라이프』지

예수의 가난한 사람들

Jesus and the Disinherited
by Howard Thurman

예수의 가난한 사람들

하
워
드

서
먼

Jesus and the Disinherited
Howard Thurman

복 있는 사람

예수의 가난한 사람들

2025년 2월 18일 초판 1쇄 인쇄
2025년 2월 25일 초판 1쇄 발행

지은이 하워드 서먼
옮긴이 홍종락
펴낸이 박종현

(주) 복 있는 사람
주소 서울특별시 마포구 연남동 246-21(성미산로23길 26-6)
전화 02-723-7183(편집), 7734(영업·마케팅)
팩스 02-723-7184
이메일 hismessage@naver.com
등록 1998년 1월 19일 제1-2280호

ISBN 979-11-7083-243-0 03230

Jesus and the Disinherited
by Howard Thurman

Originally published in the U.S.A. under the title *Jesus and the Disinherited*
Copyright © 1976 by Howard Thurman

This Korean Translation © 2025 by The Blessed People Publishing Inc., Seoul,
Republic of Korea.
Published by arrangement with Beacon Press through rMaeng2, Seoul, Republic of
Korea.

사랑하는 두 딸
올리브와 앤에게

그리고 과거의 투쟁들이 결실을 맺게 될
그들 세대의 앞길에
이 책을 바칩니다.

차례

2022년판 추천의 글 — 11

1996년판 추천의 글 — 17

서문 — 31

1. 예수에 대한 한 가지 해석 — 37

2. 두려움 — 67

3. 기만 — 95

4. 증오 — 115

5. 사랑 — 133

에필로그 — 158

2022년판 추천의 글

아들이 태어난 날부터 나는 매일 아침 그 아이에게 말했다. "너는 하나님의 아이야. 하나님은 너를 사랑하신단다. 너보다 더 위대한 존재는 하나님밖에 없어." 내 아들은 흑인이라는 이유로 사람을 멸시하는 사회에서 자라게 될 터였다. 그래서 나는 백인들의 인종차별주의 또는 흑인에 대한 반감을 '한 조각'도 허용하지 않을 흑인 신앙을 아들의 "내면 깊숙이 심어 주고" 싶었다.[*]

내가 아침마다 어린 아들과 나눈 대화는, 흑인의 인간성을 존중하지 않는 사회에서 흑인 부모들이 자녀의 영혼과 인격이 파괴되지 않도록 보호하고자 대대로 나눠 온 대화를 그대로 보여 준다. 랭스턴 휴즈는 「엄마가 아들에

---

[*] Audre Lorde, *Sister Outsider: Essays and Speeches* (New York: Crossing Press, 1984), 123.

게」라는 시에서 이 대화를 아주 세밀하게 포착한다. "그러
니 아들아, 너도 뒤돌아서지 마라. 좀 어려워 보인다고 해
서 계단에 그냥 주저앉지 마라."[•] 이것은 제임스 볼드윈[‡]이
열네 번째 생일을 맞은 조카에게 보낸 편지에 쓴 말이기
도 하다. "그들이 무엇을 믿든, 그들이 무슨 짓을 하든, 그
들 때문에 네가 무엇을 감내해야 하든, 그 모두가 의미하
는 것은 너의 열등함이 아니라 그들의 비인간성과 두려움
이라는 것을 부디 기억하려무나."[ֵ]

그리고 이것은 하워드 서먼이 그의 책 『예수의 가난한
사람들』에서 말하는 내용이다.

어떤 이들은 이 책을 예수 내면의 영적 분투를 포착하
려는 신비주의자의 시도로 본다. 그런가 하면 누군가는 역
사적 예수를 인간이 따라야 할 위대한 모범이자 역할 모델
로 지나치게 강조하는 자유주의 신학의 예시로 보기도 한
다. 또 다른 이들은 예수가 흑인이었다는 20세기 흑인 신
학자들의 선언을 미리 전한 선구적인 저서로 여긴다.

이러한 해석들은 『예수의 가난한 사람들』이 가진 여러
중요한 신학적 측면을 분명히 포착하고 있지만, 시대를 뛰
어넘는 이 책의 의미와 출간 후 70년도 더 지난 지금까지
도 여전히 우리에게 말을 건네는 이유를 제시하지는 못한
다. 랭스턴 휴즈와 제임스 볼드윈이 포착해 시와 편지의
형태로 표현한 것을 하워드 서먼은 자신의 신앙 고백으로

- Langston Hughes, "Mother to Son," The Collected Works of Langston
  Hughes (Columbia: University of Missouri Press/BkMk Press, 2002), available
  at https://www.poetryfoundation.org/poems/47559/mother-to-son.
- ‡ James Baldwin, 1924-1987, 미국의 대표적인 흑인 작가——옮긴이.
- ֵ James Baldwin, "A Letter to My Nephew," Progressive Magazine,
  December 1, 1962, https://progressive.org/magazine/letter-nephew.

펼쳐 보였다. 『예수의 가난한 사람들』은 그야말로 흑인으로 창조된 그들의 신성한 인간성이 부정당하는 세상에서 흑인 부모가 자녀들과 나눠야 할 대화의 내용이다.

사실 이 책의 기반이 된 것은 하워드 서먼이 그를 키운 두 흑인 여성인 외할머니와 어머니와 나눈 대화들이다. 서먼은 그 대화들을 통해 그가 처한 "환경이 내미는 즉각적이고 집요하며 지속적인 거부의 발톱에서 벗어나게" 해 줄 "청사진"을 받았고, "솟구치는 희망"과 "건강한" 인격으로 성장할 수 있었다. 그 청사진은 바로 예수다.

외할머니와 어머니의 신앙을 고스란히 이어받은 서먼은 로마 시민권이 없는 가난한 유대인이었던 예수가 "더 크고 지배적인 주류 집단 한가운데서 소수 집단의 일원"으로 살아가는 의미를 잘 알았다고 선언한다. 서먼은 기독교가 역사 내내 "억압의 도구"로 사용되었다는 사실을 인정하면서도, "[예수의] 정신으로부터 탄생한 기독교는 억압받는 사람들을 위한 생존 기법으로 등장했다"는 점을 분명히 한다.

이러한 이해를 바탕으로 서먼은 "권리를 빼앗긴 자들을 쫓는 지옥의 세 마리 사냥개, 곧 두려움, 위선, 증오가 더 이상 [막다른 벽에 몰린] 그들의 삶을 지배할 수 없다는 좋은 소식을 선포한" 분에 대한 믿음을 신학적으로 증언해 나간다.

그는 핼리혜성을 두려워했던 어린 시절 어머니와 나눈 대화나 노예 생활에 관한 할머니와의 대화를 통해 예수가 어떻게 지옥의 사냥개들을 제압했는지 설명하면서 "권리를 빼앗긴 사람들"이 따라야 할 본보기를 제시한다. 또한 서먼은 이를 통해 예수의 가르침과 삶에 반영된 '이미 왔으나 아직 오지 않은' 현실, 곧 '하나님 나라'에 대한 심오한 신학적 통찰을 제공한다.

한편으로 예수의 가르침의 초점은 하나님의 사랑으로 정의되는, '아직 오지 않은' 미래다. 그리스도인들은 바로 이 미래의 하나님 나라를 우리 사회와 세상에서 현실로 이루기 위해 노력해야 할 의무가 있다. 다른 한편, 예수가 자신의 삶에서 구현하고 증언한 것은 '이미 와 있는' 미래다. 서먼이 설명하듯이 그분의 삶은 '사랑의 윤리'가 중심이 되는 삶이다. 바로 이 사랑의 윤리가 결국 "두려움, 위선, 증오의 사냥개"를 정복한다.

본질적으로, 서먼은 하나님 나라의 실체인 예수를 권리를 빼앗긴 사람들이 "존엄을 지키고 창조적으로 [그들의] 현재를 살아갈" 수 있게 해 줄 모범적인 청사진으로 제시한다. 그로 인해 예수와 권리를 빼앗긴 사람들 사이에 맺어진 관계의 심오한 본질이 더욱 분명해진다. 서먼이 외할머니와 어머니에게 물려받은 신앙의 중심에 자리한 예수는 사회적 억압에서 벗어나 자유를 얻고자 투쟁하는, 권리를 빼앗긴 사람들과 연대하는 분일 뿐 아니라, 무엇보다 그들을 위한 "어떤 보호책도 없는" 사회에서 자라고 "안전감 없이 하루하루" 살아가는 사람들의 심정을 아는 분이기 때문이다.

"나야 인종차별을 거듭거듭 당했지만, 내 아이가 자신이 백인 아이와 다른 대우를 받는다는 것을 알고 속상해하는 모습을 봐야 할 때는……힘들어요." 메릴랜드주 볼티모어에서 아들의 식당 입장을 거부당한 흑인 어머니가 한 말이다. 흑인 아이가 입장을 거부당한 것은 먼저 식당에 들어간 백인 남자아이와 비슷한 옷을 입었기 때문이다. 그 어머니의 말을 들으면서 내 머릿속엔 그녀가 아들과 계속해서 나누게 될 대화가 떠올랐다.

그리고 『예수의 가난한 사람들』이라는 대화가 떠올랐다. 이 책은 흑인 어린이들이 그들의 인간성을 '내면'에서부터 파괴하려 드는 세상에서 어떻게 번성하고 번영할 수 있는지 알려 주는 메시지를 전한다. 바로 이런 점 때문에 하워드 서먼의 책은 흑인 부모와 자녀의 대화만큼이나 시대를 초월한다.

켈리 브라운 더글러스✝

✝ Kelly Brown Douglas. 아프리카계 미국인 성공회 사제이자 신학자이며 유니온 신학교의 성공회 신학부 초대 학장이다. 워싱턴 국립 대성당의 참사 회원 신학자이기도 하다.

· 4 Alicia Lee, "A Restaurant Denied Service to a Black Boy for His Clothes, but Video Shows a White Boy, Dressed Similarly, Was Allowed," CNN, June 24, 2020, https://www.cnn.com/2020/06/23/us/ouzo-bay-baltimore-restaurant-denies-service-to-black-boy-trnd/index.html.

1996년판 추천의 글

하워드 서면의 고전 『예수의 가난한 사람들』의 제목만 보면, 이 책이 1940년대에 나온 해방신학의 일종일 거라고 예상하기 십상이다. 하나님이 압제받는 자들의 편이라는, 이제는 친숙한 해방신학의 메시지, 압제자들과 비인간화를 불러오는 그들의 잔혹한 체제에 대한 강력한 예언자적 비판, 회개와 저항, 소망을 촉구하는 절박한 외침을 듣게 되리라 예상하는 것이다. 그러나 서면의 방대하고 놀랍도록 다양한 저작물 중에 피상적으로 읽고 쉽게 파악할 수 있는 글은 없으며, 출간 후 반세기가 지난 이 귀중한 텍스트도 예외는 아니다.

본문에 해방신학의 여러 요소가 조금씩 보이는 것은 사

실이지만, 깊은 통찰이 담긴 이 중요한 저작은 해방 영성에 관한 심오한 탐구라고 말하는 것이 더 정확하고 유용할 것이다. 이 책은 개인과 사회의 변혁이 창조적으로 결합되는 삶의 중요한 지점들을 탐구하고 경험하도록 돕는다. 흑인 예언자이자 신비주의자인 저자는 아프리카계 미국인으로서 겪은 참혹하면서도 아름다운 경험을 '예수의 종교'와 깊이 연결하려는 평생의 노력을 이 책에서 집약했다. 그의 궁극적 목표는 인간성을 긍정하는 이 조합을 해방적 존재 방식의 기초로 제시하여 의(義)에 주리고 목마른 도처의 모든 이들, 특히 "막다른 벽에 몰린" 사람들이 근본적으로 사슬에서 벗어난 삶을 향해 나아갈 수 있게 하는 것이었다.

서먼은 책의 서두에서 자신의 중심 의도를 약간 달리 표현하여 "존엄을 지키고 창조적으로 현재를 살아갈 수 있게 해 줄 충분한 도움과 힘이 필요한 사람들"을 위해 책을 썼다고 밝혔다. 하지만 위대한 교사이자 설교자, 현자인 그는 '벽'이라는 기본적이고 절박한 은유에서 결코 벗어나지 않았다. "예수의 가르침과 생애가 인류 역사의 어느 순간, 막다른 벽에 몰린 사람들……가난한 사람들, 권리를 빼앗긴 사람들, 가진 것이 없는 사람들에게 무엇을 말하는지" 탐구하고 설명하고자 한다고 거듭해서 선언했다. 본질적으로 그는 억압받는 사람들의 세계를 살피고 어떻게 하면 인간이 지배 집단의 끔찍한 압박 속에서도 인간성을 상실하지 않고, 영혼을 잃어버리지 않고 견뎌 낼 수 있는지를 물었다.

　서면에게 이 책의 집필은 그저 현실과 동떨어진 지적인 과제가 아니었다. (물론, 그의 저작 중에 그런 성격의 글은 없다.) 처음부터 그는 자신이 "한 개인으로도 학자로서도 이 문제에 계속해서 관심을 갖고 있다"고 분명히 밝혔다. 20세기 초, 플로리다주 데이토나비치의 흑인 구역에서 태어난 그는 "주님을 의지하며" 노예제도의 혹독한 시련을 견딘 외할머니의 세심한 보살핌을 받고 자랐다. 그래서 서면은 미국 사회에 존재하는 여러 '벽'의 가혹한 실상과 그것이 초래하는 결과를 잘 알았고, 그 가혹함에 굳건히 저항하면서도 인간성을 잃거나 영혼을 팔지 않은 사람들의 놀라운 내적 자원을 깊이 이해하고 있었다. 그가 분명히 확신하는 바에 따르면, 나사렛의 "가난한 유대인"이자 권리를 빼앗긴 사람, 로마 권력의 위협적인 지배를 받은 예수의 생애와 가르침은 미국이라는 벽의 거칠고 날카로운 표면을 따라 늘어선 흑인들과 특별한 관련이 있었다. 그래서 그는 "팔레스타인에서 예수의 사회적 위치와 미국 흑인 절대 다수의 사회적 위치는 놀랄 만큼 유사하다. 그 유사성은 이 문제로 오래 고민해 본 사람이라면 누구나 알 수 있다"고 주저 없이 선언할 수 있었다.

서먼은 성인이 된 후로부터 이 시급한 문제를 놓고 오랫동안 고민하고 씨름했다. 1919년, 그는 이 관심사를 그대로 유지한 채 플로리다를 떠나 애틀랜타의 모어하우스 대학에 입학했고, 마틴 루터 킹 1세 같은 동료 학생들 및 벤자민 E. 메이스, E. 프랭클린 프레이저 등의 교수들, 그리고 선견지명이 있는 존 호프 학장과 이 주제로 의견을 나누었다. 뉴욕주 북부의 로체스터 신학교에서 백인 신학 교육계로 자리를 옮긴 후에도 이 주제와 질문들은 그의 머릿속에서 떠나지 않았다. 그렇게 1935년이 되었고, 이 주제는 그의 삶에서 더욱더 중요해졌다. 당시 하워드 대학교의 랭킨 채플을 맡고 있던 그는 저명한 에큐메니칼 저널 『생활 속의 종교』에 7쪽 분량의 에세이 「가난한 사람들을 위한 좋은 소식」을 게재했다. 그 에세이는 1949년에 처음 출간된 『예수의 가난한 사람들』의 핵심 내용을 담고 있었다.

다들 알다시피, 제2차 세계대전 이후의 시기는 아프리카계 미국인의 역사에서 중요한 전환기였다. 정치, 경제, 이주의 새로운 물결이 미국의 흑인들에 의해, 흑인들을 위해 만들어지고 있었고, 새로운 지도자 무리가 짐 크로우 체제, 곧 미국의 잔인한 벽의 구조적 핵심이라고 할 수 있는 합법화된 격리 체제의 공포를 깨뜨리겠다는 결의를 드러냈다. 서먼은 이 '신흑인'(New Negros) 그룹과 정기적으로 어울렸고, 그의 글들은 그들에게 영향을 미쳤다. 이와 동시에 서먼은 성장하는 흑인 세력과의 연대를 모색하는 상당수의 백인들을 위해 목사, 설교자, 수련회 지도자의 역할을 자주 감당했고 그들의 수는 점점 늘었다.

1940년대 말, 아프리카계 미국인 사회의 특징이었던 변화의 분위기에서 중요한 요소는 아프리카, 인도, 아시아 등지에서 백인들이 구축한 서구 패권의 토대를 흔들고 있던 반식민 투쟁의 밀물을 예리하게 인식한다는 점이었다. 서먼은 이 모든 것의 일부였다. 이 책의 제목에 '권리를 빼앗긴'(disinherited) 사람들을 넣은 것은 미국의 해안 너머에 있는 식민지 민족들을 아우르려는 취지이기도 했다. (「가난한 사람들을 위한 좋은 소식」이 발표된 직후, 서먼과 그의 영혼의 단짝이자 아내요 유능한 동료였던 수 베일리 서먼은 실제로 인도를 방문하여 영성에 기반한 사회 투쟁을 이끌었던 마하트마 간디의 경험을 배우고자 했고 아프리카계 미국인의 상황에 대한 그의 해박한 질문들에 답했다.)

『예수의 가난한 사람들』이 출간되었을 때, 서먼 부부는 이미 하워드 대학교를 떠난 상태였고, 하워드 서먼은 샌프란시스코에서 미국 최초로 다인종 교회를 천명한 '모든 사람을 위한 친교의 교회'의 목사로 섬기고 있었다. 그 무렵 서먼은 미국 기독교의 정통신학을 넘어서는 나사렛 예수에 대한 접근법(더 나은 표현을 쓰자면, 예수와의 관계)을 모두 정리했고, 더 중요하게는 소외된 사람들의 '내면의 중심', 곧 마음과 영혼을 일깨우는 해방 영성의 길을 열고 있었다. 『예수의 가난한 사람들』을 통해 집중적으로 부각된 그 영성은 억압받는 삶이 용기와 창의력을 발휘하는 진실한 삶을 회피할 핑계가 될 순 없다는 일관된 메시지를 전했다. 사실 서먼은 지배 세력의 위협적이고 파괴적인 힘에 끊임없이 시달리는 소외된 사람들이 겪는 어려움에 깊이 공감하며 글을 썼지만, 그러면서도 가진 것 없는 이들을 깊이 사랑하고 배려했던 이 목사는 진실한 삶, 곧 "권리를 빼앗긴 사람들이 그들을 추적하는 지옥의 세 마리 사냥개인 두려움, 위선, 증오"에 굴복하지 않는 삶을 요구하는 것에서 물러서지 않았다. 그는 "아무리 크고 압도적인 외부 세력이라도 그에 맞서는 민족의 정신을 먼저 꺾지 않고는 결코 그들을 멸망시킬 수 없다"고 인식했고, 예수도 그것을 인식했다고 믿었다.

이러한 관점에 비추어 볼 때, 서먼이 권리를 빼앗긴 사람들을 위한 예수의 핵심 메시지를 다음과 같이 요약한 것은 놀랍지 않다. "서로에 대한 두려움을 버리고 하나님만 두려워하라. 어떤 기만과 부정직함에도 빠지지 말라. 목숨이 위험한 지경이라 해도 마찬가지다. 너희는 그저 '예' 할 것은 '예' 하고, '아니요' 할 것은 '아니요'만 하라. 그 이상의 말은 악한 것이다. 증오는 미움받는 사람과 미워하는 사람을 모두 파괴한다. 너희 원수를 사랑하라. 그리하면 하늘에 계신 너희 아버지의 자녀가 되리라."

이 책에서 서먼은 권리를 빼앗긴 사람들에 대한 높은 기대치를 당당하게 ('비현실적으로'라고 말할 사람도 있겠지만, '내면의 중심'이라는 신비 속에서 무엇이 '현실적'인지 누가 규정하겠는가?) 줄곧 유지했다. 마틴 루터 킹 2세가 많은 여정에서 이 책을 늘 가지고 다녔다는 기록에 비추어 본다면, 벽에 몰린 사람들 사이의 특별한 연결고리는 우리의 기대를 훌쩍 뛰어넘는지도 모른다. 물론 킹 가족과 서먼 가족 간의 오랜 관계를 고려할 때, 마틴이 이 책의 메시지를 마음에 새겨 두었을 가능성이 높다. [왜냐하면] 흑인들이 마틴 루터 킹에게 끊임없이 제기했던 질문이 있는데, 그것은 1960년대 후반에 스토클리 카마이클'(훗날 '크와메 투레'로 개명)이 가장 직접적으로 제기했다. 바로 그 질문에 대한 마틴의 대답에 이 책이 분명 중요한 기여를 했을 것이다. 자유운동의 확고한 지지자였던 카마이클은 블랙 파워를 요구하는 대담하고 절박한 외침으로 미국 전 국민의 관심을 끈 인물이었다. 1968년 킹이 암살당하기 얼마 전, 그는 순진함을 가장하며 이렇게 물었다. "킹 박사님, 우리가 왜 백인보다 더 도덕적이어야 하나요?"

이 질문이 나온 시기에는 수천 명의 흑인이 미국의 벽을 넘어서 분노에 찬 선동의 말과 방책들을 미국 사회 한

<hr>

* Stokely Carmichael, 1941-1998. 흑인 인권운동가. '블랙 파워'라는 슬로건을 내세웠고 혁명적 흑인 사회주의 무장단체 흑표당 총리를 역임했다—옮긴이.

복판에 던지고 있었다. 이 책의 첫 문고판이 나온 때가 흑인들의 분노가 막 식기 시작하던 1969년이었다는 사실을 깨달았을 때, 나는 지금의 젊은 세대가 서먼이 (그리고 그의 친구 예수가) 이 선물 같은 책에서 강조하는 굳건한 사랑의 영성 훈련에 대한 희망을 그들의 삶에서 찾을 수 있을지 궁금해졌다. 그러다 이 추천 서문을 다 써가던 무렵에 하워드 서먼과 그의 (그리고 나의) 다음 세대가 연결될 가능성을 열어 줄 또 다른 선물을 발견했다. 그것은 나타샤 타플리가 편집하고 1994년에 출간된 감동적이고 인상적인 에세이와 시 모음집 『증언』(Testimony)이다. 그 책은 40여 명의 젊은 아프리카계 미국인 작가들이 집필했는데, 서먼이 1981년 봄, 우리 곁을 떠났을 당시 초등학교에 갓 입학했을 법한 이들이었다. 내가 그들의 깊은 성찰이 담긴 그 선집에서 감지한 것은 우리 신앙의 아버지의 얼굴에 특유의 넓고 깊은 미소가 어리게 했을 진실성과 자기 성찰 및 사회적 관심이었다. (『증언』이 이 책과 같은 비콘 출판사에서 출간된 것을 알았을 때 사랑하는 우리의 멘토께서 그분다운 창의적인 수를 쓰셨구나 하는 생각이 강하게 들었다.)

　　『증언』의 재능 있고 헌신적인 젊은 필진들이 느끼는 벽이 서먼과 그의 할머니가 알던 벽들과 다르더라도, 그들 중 일부는 『예수의 가난한 사람들』과 자신들 사이의 중요한 연결고리를 찾을 수 있을 것이 분명하다. 그것은 진정

기뻐할 만한 일이지만 이제는 벽의 성격이나 가혹한 압박에서 벗어난 사람들의 수 말고도 아주 많은 것이 달라졌다. 따라서 과거에 출간된 이 중요한 저작이 미래에 가질 의의를 진지하게 성찰하자면, 적어도 두 가지의 본질적 변화를 고려해야 한다.

첫째, 서면이 『예수의 가난한 사람들』에 등장하는 문제 및 시대 정신과 가장 활발하게 씨름하던 시기에, 그에게 주요한 참고 기준이 되었던 흑인들은 나사렛 예수를 기념하고 명목상으로나마 인정하며 따르는 자리에 자주 모였다는 사실을 기억할 필요가 있다. 서면의 세기가 끝나가는 오늘날, 가장 분명하게 막다른 벽에 몰려 살아가는 사람들, 이를테면 노숙자, 근로빈곤층, 가난한 실업자, 약물 남용자와 그로 인한 피해자, 〔사회에서〕 소외되어 삶의 방향을 잃고 사실상 버려진 젊은이들은 예수를 따른다고 자처하는 사람들이 듣거나 볼 수 있는 범위를 대체로 벗어나 있다. 스승 예수의 신앙을 지키는 이들은 그를 따라서 미국에서 권리를 빼앗긴 사람들이 사는 험한 곳으로 들어가는 일이 매우 어렵고 위험하다는 것을 자주 깨닫는다. 그리고 벽에 부딪혀 멍든 사람들은 일반적인 신자들이 편안하게 예배를 드리는 곳에서 자신의 자리를 찾지 못한다. 매사추세츠주 도체스터에 있는 아주사 교회(Azuza church fellowship)의 젊고 가난한 노동자 신자들, 워싱턴 DC의 다

인종 희망 공동체인 '아비시니안 소저너스'(Abyssinian So-journers) 정도가 이들이 자기 자리를 찾을 만한 예외적인 공동체들이다.

〔둘째,〕 더 복잡한 차원에서 보면, 점점 더 다원화되는 이 나라에서는 서먼의 '예수의 종교'와 그것의 이상한 변종인 미국 기독교는 더 이상 신이나 인류에 관한 진리를 소유하는 특권을 가진 집단으로 여겨지지 않는다. 따라서 권리를 빼앗긴 사람들이 예수의 인도를 받을 길은 오로지 등과 영혼에 입은 상처로 막다른 벽이라는 지속적인 현실을 증언하는 사람들, 그리고 더 이상 강제로 막다른 벽까지 밀려나는 삶은 아니지만 벽의 존재와 두려움, 위선, 증오라는 사냥개들을 상대로 한 싸움을 알고 그것들을 극복하기로 결심한 사람들과의 직접적이고 창조적인 만남, 어쩌면 위장된 형태의 만남으로 가능해진다. 이 만남은 벽 앞에서 비공식적이고 특권이 없는 위험한 상태로 이루어지는데, 어쩌면 서먼은 20세기 말의 우리가 이런 식으로 그의 예수를 만나기를 더 바랄지도 모르겠다.

물론, 〔세상이〕 좀 덜 복잡했던 당시에도 서먼은 권리를 빼앗긴 사람들 사이에서 희망의 모델을 개발하는 일이 쉽지 않을 것임을 인식했고, 책의 끝부분에서 빠르고 차분하게 이렇게 선언했다. "그러므로 권리를 빼앗긴 이들의 정신에 대수술이 이루어져야 한다. 그다음에야 예수 종교의 위대한 주장을 제시할 수 있다. 드넓게 펼쳐진 영혼의 황무지가 활력을 되찾고 다시 살아나야 한다. 그다음에야 그들에게 도덕적 권면을 할 수 있다." 다행히도 그는 충분히 오래 살아서 1960년대에 개척자 세대(그중 일부는 그에게 영감을 받은 이들이었다)를 만났다. 그들은 적어도 한동안은 벽으로부터 벗어나 자신과 국가, 세계를 위해 대면, 치유, 재창조, 희망의 도전에 나설 준비가 된 사람들이었다.

서면이 더 오래 살아서 넬슨 만델라가 벽을 넘고 감옥문들을 지나 우아하게 걸어 나오는 모습을 봤더라면, 그가 두려움, 위선, 증오의 사냥개를 이겨 내고 사람을 옥죄는 복수의 요구에 저항하는 인간 정신의 힘을 보여 주는 산 증인임을 알아봤을 것이다. 그런 삶을 묵상하다 보면, 우리가 1935년의 그 실험적 에세이로 돌아가 억압받는 사람들의 영혼을 되살리는 일 그 자체가 서면의 목적이 아니었음을 기억하게 될지도 모른다. 길고 긴 집필의 출발점이었던 그 에세이에서 흑인 순례자 서면은 그런 창조적인 영성훈련의 더 큰 사회적 목적을 상기시키기 때문이다. 당시의 주된 관행대로 남성 대명사(he)만 쓰는 경향을 눈감아 주거나 용서한다면, 우리는 서면이 가난하고 권리를 빼앗긴 사람들의 상황에 맞게 구상한 원대한 목표를 다음 글에서 파악할 수 있다.

사회 변화, 특히 가난한 이들을 위한 사회 변화가 임박했음을 보여 주는 사건이 종종 일어나지만, 그는 영적으로나 지적으로 혼란에 빠져 그런 일들에 연대하지 못한다. 그는 신중함을 두려움으로, 두려움은 신중함으로 착각한다. 그러나 그의 마음이 자유를 얻고 정신이 사슬에서 벗어난다면, 새로운 날을 위해 지성을 갖고 용기 있게 일할 수 있을 것이다.

사슬에서 벗어나 새로운 날을 연 위대한 모범인 만델라와 벽 너머, 사슬 너머에 있는 또 다른 해방의 가능성을 제안한 말콤의 도움을 받는다면, 우리는 앞서 마틴 루터 킹 2세가 스토클리 카마이클의 질문에 온전히 답하는 데 서먼의 활동, 만델라의 활동, 패니 루 해머[*]의 활동이 얼마나 중요한지 알 수 있다. 그들은 백인보다 더 도덕적이 되는 것이 아니라 그 어느 때보다 더 자유로워지고, 벽 앞에서 우리를 기다리고 있는 변혁의 과제에 온 힘을 다해 자유롭게 참여하는 것이 궁극적인 문제임을 일깨워 준다. 온전함(우리의 거룩함)을 향해 나아가는 우리는 서먼을 만나고 자신들의 『증언』을 발전시키고 있는 젊은이들을 만난다. 엘라 베이커[‡]를 만나고, 그녀의 정신에 충실한 방식으로 도체스터[⁎]를 사랑하는 오순절 교단의 신자들을 만난다. 이름과 얼굴은 모르지만 자신의 시대를 꿋꿋이 살아간 수많은 이

---

[*] Fannie Lou Hamer, 1917-1977. 민권운동가—옮긴이.

[‡] Ella Baker, 1903-1986. 흑인 민권 및 인권 활동가—옮긴이.

[⁎] 도체스터에는 오순절파 목사 유진 리버스가 설립한 엘라 베이커 하우스가 있다—옮긴이.

들을 만난다. 우리는 최고의 젊은이들과 함께 서먼을 만나고, 그의 예수를 만나고, 새로운 날을 위한 투쟁에 참여하다 떠나간 이들과 아직 남아 있는 모든 이들을 만난다. 우리는 모든 곳에서(백만인 행진[#]을 포함하여) 뜻밖의 동지들을 만난다. 등도 정신도 꺾이지 않을 사람들, 자유로운 삶으로 새 생명을 창조할 그들을 만나고 나서 우리는 왜 아무도 꿈꾸지 못할 만큼 사랑과 진실과 희망으로 단련되어야 하는지를 알게 된다. 우리는 새로운 세계를 건설해야 하고, 새로운 비전을 제시해야 하고, 벽에서 새로운 동반자를 만나야 하고, 새로운 날을 시작해야 한다. 하워드 서먼의 정신을 기리며.

포스트모던 시대, 탈산업화 시대의 미국인들에게 붙이는 추신. 1940년대에 작성한 서먼의 글은 미국에서 권리를 빼앗긴 사람들을 대표하는 흑인들의 필요에 초점을 맞췄다. 그리고 20세기 마지막 10년의 후반부가 시작될 무렵이 되자 그의 메시지는 다른 많은 사람들에게도 중요한 의미를 지니고 있음이 분명해졌다. 라틴계, 아메리카 원주민, 동남아시아계, 많은 여성과 소수자들은 서먼이 말한 막다른 벽에 몰린 사람들의 무리에 추가된 이들 중 가장 두드러지는 사례일 뿐이다. 탈산업화 시대 자본주의 세계 질서의 압력에 밀려 많은 사람들이 낯설고 예상 못한 다양한 벽(그리고

[#]　Million Man March. 1995년 10월 16일 워싱턴 D.C.에서 열린 아프리카계 미국인 남성들의 대규모 집회—옮긴이.

유리 천장)으로 내몰렸고, 우리 모두는 두려움, 위선, 증오
라는 내면의 악마에 시달리고 있다. 따라서 우리는 "존엄
을 지키고 창조적으로 현재를 살아갈 수 있게 해 줄 깊이
있는 도움과 힘이 필요한 사람들"을 위해 이 책을 내놓았
다는 서면의 말을 진지하게 받아들여야 한다. 우리, 벽에서
모여 볼까?

빈센트 하딩✢

✢ Vincent Harding. 아프리카계 미국인 역사가이자 학자. 사회 운동가였던 하
  딩은 마틴 루터 킹 2세와 함께 일한 경력과 그에 관한 저술로 가장 잘 알려져
  있다.

서문

막다른 벽에 몰린 사람들에게 예수의 종교가 어떤 의미를 갖는가? 이것은 내게 늘 결정적인 문제였다. 사람들은 이 문제를 대체로 무시했으며, 기독교 신앙의 핵심이라고 할 수 있는 선교적 열정이 변질된 사례들로서만 강조되었다. 나는 한 개인으로도 학자로서도 이 문제에 관심을 가져왔고 지금도 계속 관심을 갖고 있다. 이 땅에서 늘 심각한 사회적, 심리적 배척의 위협을 받으며 살아가는 개인과 집단은 다음과 같은 질문에 맞닥뜨린다. '왜 기독교는 인종, 종교, 출신 국가에 근거한 차별과 불의의 문제에 근본적이고 효과적으로 대처하지 못하고 철저히 무력해 보이는가?' 이 무력함은 기독교가 그 본질을 배반한 탓일까, 아니면 기독교 자체의 기본적인 약점 때문일까? 이 질문은 급소를 찌른다. 기독교가 이 문제를 다루는 데 무력하다는 것은 기독교 신자들 사이에서도 이 문제에 대처하지 못한다는 데서 극적이라 할 만큼 확연히 드러나기 때문이다.

이 책에서 나는 답을 찾은 것처럼 가장하지 않는다. 그러나 내가 전반적으로 탐구하는 영역에서 그 답을 찾아야 한다고 굳게 확신한다. 그 답이 없다면 사람들은 기독교가 내세우는 복음의 실체를 기독교 안에서 발견할 수 있다는 희망을 품기 어렵기 때문이다.

1935년 보스턴 대학교 신학대학원에서 열린 연례 집회에서 본 연구서의 기본 개념을 처음 공식적으로 구체화하여 발표했다. 그 원고는 "가난한 사람들을 위한 좋은 소식"이라는 제목으로 『생활 속 종교』(Religion in Life) 1935년 여름호에 실렸다. 이후 같은 내용을 예수에 대한 산문시「성육하신 위대한 말씀」으로 풀어내어 『모티브』(Motive)지 1944년 1월호에 실었다. 나중에 이 산문시는 묵상시집 『그중의 제일』(The Greatest of These)에 실려 출간되었다. 이 책의 초고라 할 만한 종합적 연구 결과는 1948년 4월 텍사스주 오스틴의 새뮤얼휴스턴 대학에서 열린 메리 L. 스미스 기념 강연에서 발표했다.

원고의 내용이 명확하고 표현이 정확한지 참을성 있게 검토해 준 그레이스 마렛 양과 줄리아 T. 리 양, 원고 기록에 도움을 준 오브리 번스 부인과 버지니아 스카르디글리 부인, 그리고 집필의 동력을 제공해 준 '모든 사람을 위한 친교의 교회'에 감사한 마음을 기쁘게 전한다.

하워드 서먼

1

예수에 대한 한 가지 해석

하나님과 예수는 어떤 이들에게 우리와는 다른 방식으로
다가가신다. 그들은 예수에 대한 의식적인 애착 없이도
하나님을 믿고 사랑하게 될 수 있다. 예수 외에 자연과 선
한 사람들이 우리를 하나님께로 인도하기도 한다. 하지
만 온 마음을 다해 하나님을 찾는 사람은 언젠가 예수를
만나게 되어 있다.*

나사렛 예수의 가르침과 생애를 다룬 해석은 많고도 다양
하다. 그러나 그중에서 예수의 가르침과 생애가 인류 역사
속 막다른 벽에 몰린 사람들에게 무엇을 말하는지를 다루
는 해석은 거의 없다.

* Heinrich Weinel and Alban G. Widgery, *Jesus in the Nineteenth Century and After*, p. 405.

존엄을 지키고 창조적으로 현재를 살아갈 수 있게 해줄 깊이 있는 도움과 힘이 필요한 사람들에게 기독교는 종종 무익했고 별 쓸모가 없었다. 기독교의 전통적인 가르침은 불명확하고 혼란스럽고 모호하다. 기독교는 사회에서 안전과 존경을 얻는 대가로 약자에 맞서 강자의 편에 서는 입장을 공식적으로 표명할 때가 너무나 많다. 이 문제는 매우 중요한 의미를 지닌다. 왜냐하면 박해와 고난을 겪어 온 민족에서 태어난 종교가 무방비 상태의 숱한 약한 민족들을 상대로 무자비한 권력을 휘둘러 현재의 지위를 확보한 문명과 국가들의 초석이 되었음을 드러내기 때문이다.

자신보다 불운한 사람들에 대한 그리스도인의 올바른 태도를 정의하는 설교를 듣는 것은 특이한 일이 아니다. 선교해야 한다는 주장도 가난하고 무지한 사람들, 소위 지구상의 '뒤처진' 민족들에 대한 그리스도인의 책임에 근거하여 거듭거듭 이루어진다. 우리의 넉넉함과 풍요를 활용하여 다른 사람의 필요를 채우는 것은 분명히 위엄 있고 고귀한 일이다. 우리는 물질적인 것이든 정신적인 것이든 자신이 가진 것을 순전히 사적이고 개인적인 목적을 위해 쓰면서 이기적으로 살 수도 있다. 이런 상황에서 누군가의 필요가 크고 심각하다는 사실에만 의지하여 그들에 대한 책임을 끈질기게 강조하는 것은 기독교의 명예로운 모습이다. 기독교의 핵심에 자리 잡고 있는 이 욕구는 자신에게 의미 있는 것을 **다른 사람들과 나누고자 하는 인간의 의지**를 도덕적 명령의 수준으로 끌어올린 것이다. 그러나 이 강조점에는 위험이 도사리고 있다. 곤경에 처해 우리가 지키고 도와야 한다는 도덕적 부담을 느끼게 하는 사람들을 일말의 경멸도 없이 대하기는 대단히 어렵다는 것이다. 결국 교만과 오만의 죄는 선교의 욕구를 해치고 그것을 독선의 도구와 인종적 우월감의 도구로 변질시키는 경향을 보인다.

이것이 바로 우리 신앙의 윤리적 주장이 일상적 삶의 관계에서 단순한 형제애의 실천으로는 도무지 나타나지 않는 한 가지 이유다. 수십 년 동안 우리는 세계의 다양한 민족들과 우리의 이웃을 동등한 형제나 인간으로서 대할 의지도 없이 오로지 선교적 노력과 선교 사업의 대상으로만 연구했다. 이것은 심각하고 오래된 문제이다. 나는 적의를 갖고 이 말을 하는 것이 아니다. 악인들과 관련한 문제가 아니기 때문이다. 그러나 이 문제는 이웃의 필요를 채워야 할 의무를 때로는 지나치게 강조하는 종교의 교묘한 위험 중 하나다.

막다른 벽에 몰린 사람에게 종교가, 기독교가 무엇을 의미하는지 다룬 설교를 들어 본 경험은 손에 꼽을 정도로 드물다. 이 말의 의미는 분명히 해 둘 필요가 있다. 다수의 사람들이 끊임없이 막다른 벽에 몰린 채 살아간다. 그들은 가난한 사람들, 권리를 빼앗긴 사람들, 가진 것이 없는 사람들이다. 우리의 종교는 그들에게 무엇을 말하는가? 그들보다 어려운 사람들을 위해 무엇을 하라고 조언하는지가 아니라, 그들의 필요를 충족시키기 위해 우리의 종교는 무엇을 제공하는지가 관건이다. 이 질문에 대한 답을 찾는 것이 아마도 현대인의 가장 중요한 종교적 탐구일 것이다.

1935년 가을, 나는 인도, 버마, 실론의 학생들과의 연대를 위해 파견된 미국 학생 순례단의 단장을 맡고 있었다. 그때 실론에서 만난 한 사람이 결코 잊을 수 없는 방식으로 내게 중대한 문제를 제기했다. 콜롬보 대학교 법과대학에서 미국 각 주의 권한에 따른 시민의 권리 제한을 다룬 강연이 있었고, 이후 나는 함께 커피를 들자는 법대 학장의 초대를 받았다.

우리는 말없이 커피를 마셨다. 커피잔을 물리고 난 후, 학장이 내게 말했다. "단장님은 여기서 무엇을 하고 계십니까? 신문이 떠드는 연대의 순례 등에 관한 내용은 저도 압니다만, 저는 그걸 묻는 게 아닙니다. 단장님이 여기서 무엇을 하고 계시냐는 제 질문의 의미는 이것입니다.

300여 년 전, 아프리카 서부 해안에 있던 당신의 선조들은 노예로 끌려갔습니다. 노예무역을 하던 사람들은 기독교인이었지요. 유명한 찬송가 작가인 존 뉴턴 경은 신대륙에 노예를 팔아 돈을 벌었습니다. 그는 「귀하신 주의 이름은」과 「나 같은 죄인 살리신」 등의 찬송을 작사한 사람입니다. 다른 곡도 있겠지만, 제가 아는 것은 이것들뿐입니다. 유명한 영국 노예선 중 한 척의 이름은 '예수호'였고요.

노예를 사들인 사람들 역시 기독교인이었습니다. 기독교 목사들은 사도 바울의 말을 인용하면서 노예제도를 종교의 이름으로 승인했습니다. 70여 년 전에 당신들을 해방한 사람은 기독교인임을 자처하지도 않았습니다. 본인도 그 의미를 이해하지 못했던 특정 정치적, 사회적, 경제적 세력의 선봉에 있었을 뿐이지요. 노예해방 이후에도 백인들은 이른바 기독교 국가에서 줄곧 당신들을 차별하고 임의로 목매달아 죽이고 불태워 죽였습니다. 교회 안에도 차별이 있는 것으로 압니다. 당신네 나라에 간 제 학생 한 명이 신문에서 오려 낸 기사 하나를 보내왔습니다. 한 교회에서 교인들이 당신의 동포 한 명을 추적하는 무리에 가담할 수 있도록 정규 주일 예배를 중단했다는 내용이었습니다. 그 사람이 붙잡혀 죽임을 당한 후, 교인들은 교회로 돌아와 기독교의 신을 향한 예배를 재개했습니다.

힌두교인인 나는 이해할 수가 없습니다. 당신은 기독교 신앙과 전통에 발을 깊이 담근 채로 우리나라에 와 있습니다. 무례한 사람으로 보이고 싶지는 않지만, 단장님, 나는 당신이 지구상의 모든 유색인을 배신한 사람이라고 생각합니다. 나는 지성인인 당신이 어떤 말로 자신의 입장을 옹호할지 참 궁금합니다."

이후 우리의 대화는 5시간 넘게 이어졌다. 내가 이 예리하고 정직하고 호감이 가는 힌두교도와 어떤 대화를 나누었는지는 예수의 종교의 의미에 관한 나의 해석에서 단서를 발견할 수 있다. 예수의 종교가 시작되고 오랜 세월이 지난 후, 신앙의 대상이 아니라 종교적 주제로서 예수에 대한 창조적이고 예기적인 해석을 쓸 수 있게 된 것은 내가 받은 커다란 특권이다. 예수의 종교를 그가 속했던 시대와 사람들이라는 배경에 비추어 살펴보고, 권리를 빼앗긴 사람들 및 불우한 사람들과 관련하여 그가 가르친 내용을 탐구할 필요가 있다.

우리는 예수가 유대인이었다는 단순한 역사적 사실에서 출발한다. 유대 민족의 기적은 예수의 기적만큼이나 숨이 막힌다. 유대 민족의 근원에는 뭔가 독보적인 요소, 생명력을 더하는 특별한 요소가 있었을까? 그래서 그 민족적 경험이 오랜 시간 발전하여 꽃 피운 예수를 윤리적이고도 신적인 성품을 갖도록 만든 것일까? 예수를 제대로 이해하려면 하나님과 함께했던 이스라엘의 공동체 의식을 염두에 두어야 한다. 물론 그렇게 한다고 해서 예수의 특별함이 훼손되는 것은 아니다. 오히려 그로 인해 그의 삶은 더욱더 놀라운 것이 된다. 왜냐하면 그러한 성찰을 통해 그라는 존재는 한 민족의 삶, 사상, 그리고 성품에 하나님의 창조적 영이 끊임없이 역사하신 결과임이 드러나기 때문이다. 그는 자신의 내면을 잘 다듬고 정돈하여 일련의 이상(理想)을 온전하게 구현하는 도구가 되었다. 극적인 힘을 가진 그 이상은 인류의 기년법을 바꾸고, 세계의 사상을 새로운 방향으로 이끌었으며, 지치고 맥이 빠진 문명에 새로운 삶의 리듬감을 부여했다.

예수와 이스라엘의 연결고리가 끊어지지 않았다면 고난으로 지친 이 지구의 지난 2천 년 이야기가 얼마나 달라졌을지 모른다! 품으시는 하나님의 영이 이스라엘의 영혼속에 피워 내신 완벽한 꽃, 예수의 뿌리가 이스라엘이 하나님과 씨름하며 쌓아 온 정수들로부터 양분을 얻었다면 어떤 일이 일어났을까? 이것은 깜짝 놀랄 만한 생각이다. 사람들은 기독교가 유대교에서 나왔다는 사실을 간과하는 경향이 있었지만, 사실 나사렛 예수는 팔레스타인의 유대인으로서 (하나님) 아버지의 일을 하며 주님의 은혜의 해를 선포했다.

물론, 예수가 유대인이었다는 사실은 우연일 뿐이고 하나님은 유대인이 아닌 로마인을 통해서도 쉽고 효과적으로 자신을 드러내실 수 있었을 거라는 주장 또한 가능할 것이다. 맞는 말이지만, 정확한 사실은 예수는 로마인이 아니라는 것이다. 그리고 우리는 바로 이 사실을 다뤄야 한다.

예수를 이해하기 위해 우리가 고려해야 할 두 번째 중요한 요소는, 그가 가난한 유대인이었다는 것이다. 누가복음에는 예수의 부모가 그를 성전에서 〔하나님께〕 바치는 이야기가 이렇게 기록되어 있다. "모세의 법대로 마리아와 요셉이 정결 예식을 행하는 기간이 다 된 후에 그들은 아기를 주께 드리려고⋯⋯올라갔다. 그것은 주의 율법에 '어머니의 태를 처음 여는 남자아이마다, 주의 거룩한 사람으로 불릴 것이다'라고 기록된 대로 한 것이요, 또 주의 율법에 '산비둘기 한 쌍이나, 어린 집비둘기 두 마리를 드려야 한다'고 이르신 대로 희생제물을 드리려는 것이었다"(눅 2:22-24, 표준새번역). 레위기의 규정을 살펴보면 흥미로운 사실이 드러난다. "아들을 낳았든지⋯⋯몸이 정결해지는 기간이 끝나면, 산모는 번제로 드릴 일 년 된 어린 양 한 마리와 속죄제로 드릴 집비둘기 새끼 한 마리나 산비둘기 한 마리를, 회막 어귀로 가져가서 제사장에게 드려야 한다.⋯⋯그 여자가 양 한 마리를 바칠 형편이 못 되면, 산비둘기 두 마리나 집비둘기 새끼 두 마리를 가져다가, 한 마리는 번제물로, 한 마리는 속죄제물로 드려도 된다."(레12:6, 8, 표준새번역) 누가복음의 본문은 예수의 어머니가 어린 양을 살 형편이 못 되어서 산비둘기나 집비둘기 새끼를 제물로 쓸 수밖에 없었음을 분명히 보여 준다.

경제적으로 어려운 가정에서 태어난 예수는 처음부터

이 땅의 수많은 사람들과 같은 처지였다. 많은 사람이 가난하다. 우리가 어떤 급진적 운명이 예수 안에서 작용했다는 주장을 과감히 택한다면, 그가 가문이나 출생 같은 요인으로 이스라엘의 부유한 아들이 되었을 경우보다 가난 속에서 더 진정한 사람의 아들이 되었다고 말할 수 있을 것이다. 출생과 교육 환경을 뛰어넘은 사람들이 수없이 있었기에 이 논점을 장황하게 설명할 필요는 없겠지만, 그래도 이 지적은 나름의 가치가 있다.

예수를 이해하기 위해 기억해야 할 세 번째 사실은 그가 더 크고 지배적인 주류 집단 안에 있는 소수 집단의 일원이었다는 것이다. 기원전 63년에 팔레스타인은 로마인들의 수중에 들어갔다. 그 이후부터 나라를 빼앗긴 이들에게 따르는 섬뜩한 일들이 이스라엘의 민감한 영혼에 한 줄한 줄 새겨졌고, 성지에 대한 모독이 점점 심해지면서 극적인 방식으로 나타났다. 물론, 헤롯이 있었다. 그는 기원전 37년부터 4년까지 통치하면서, 명목상으로 개종했던 이스라엘 사람이었다. 그러나 어떤 면에서는 이스라엘을 완전히 배교한 인물이었다. 모든 종류의 세금을 늘렸고, 백성의 고혈을 짜내어 확보한 자금으로 아우구스투스 황제를 기리는 신전을 '하나님이 약속하신 땅'에 세웠다. 이스라엘 백성에겐 슬프고 쓸쓸한 시기였다. 헤롯은 온 이스라엘에게 수치와 굴욕의 상징이 되었다.

갈릴리에서는 유다라는 이름의 혁명가가 세포리스의 무기고를 공격하여 탈취한 무기로 이스라엘의 정치적 영광을 되찾으려 했다. 참으로 끔찍한 시간이었다! 세포리스 시 전체가 인질로 간주되었고, 아라비아의 아레다 왕의 병력을 지원받은 로마 군인들은 그곳을 잿더미로 만들었다. 시간이 지나 도시가 재건되었는데, 어쩌면 그때 예수는 이웃 마을 나사렛에서 도시 재건 사업에 고용된 목수 중 한 명이었을지도 모른다.

예수가 팔레스타인을 둘러싼 격동의 시대의 흐름에 아무런 영향을 받지 않고 성인이 되었다는 생각은 황당무계하다. 오히려 그가 그런 흐름을 인식하고 있었을 뿐만 아니라 그 영향을 받았다고 보는 것이 자연스러운 판단이다. 그러나 여기서 우리는 당시의 시대적 배경을 고려하는 것만으로는 예수를 설명하기에 결코 충분하지 않다는 사실을 유념해야 한다. 뛰어난 신학자, 아니 그 어떤 종류의 학자라도 이것을 설명할 수 있을까? 예수가 자란 역사적 배경, 시대와 이스라엘 민족의 심리적 분위기와 기질, 예수 가족의 경제적, 사회적 곤경까지 모두 다 중요하다. 그러나 그것들만 가지고는 우리가 가장 알고 싶어 하는 다음 질문의 답을 찾을 수 없다. '예수는 같은 환경의 다른 많은 사람들과 왜 다를까?' 심리, 정치, 경제, 종교 등의 관점에서 예수를 설명하려면 동시대 사람들도 함께 설명할 수밖에 없다. 그런 설명은 예수가 왜 특정한 종류의 유대인이었는지 말해 줄 수 있지만, 다른 유대인들은 왜 예수가 아니었는지는 말해 주지 못한다. 결국엔 이것이 가장 중요한 질문이다. 예수를 의미심장하게 만드는 것은 동포들과 닮은 부분이 아니라 다른 모든 사람과 다른 부분에 있기 때문이다. 예수는 당대의 수많은 다른 유대인들과 같은 특성을 물려받았고 같은 사회에서 자랐다. 하지만 그는 예수였고 다른 유대인들은 예수가 아니었다. 인물을 분석할 때 우리는 항상 이와 같은 독특함을 놓친다.

물론 예수의 통찰에 담긴 혁명적 성격을 밝힐 때 이러한 고려사항에 신경 쓰느라 환경적 요인과 사회적, 종교적 유산의 중요성을 놓쳐서는 안 된다. 블라디미르 심코비치˙는 이러한 요소들이 예수의 인격 및 가르침과 어떤 관계에 있는지 『예수의 사상과 역사적 배경』(*Toward the Understanding of Jesus*)에서 대단히 명확하고 간결하게 진술했다. 나는 그의 글을 이 문제에 대한 논의의 기초로 삼는데, 적용은 내 몫이다. 심코비치는 이렇게 말한다.

6년에 유대가 시리아에 합병되었고, 70년에 예루살렘과 성전이 파괴되었다. 이 두 날짜 사이에 예수는 가르쳤고 골고다에서 십자가에 못 박혔다. 그동안 이 작은 나라의 역사는 그야말로 대단한 드라마였고, 안 그래도 최고조

˙   Vladimir Simkhovitch, 1874-1959, 러시아 출생. 미국 컬럼비아 대학교에서 경제학을 가르쳤다—옮긴이.

에 달했던 애국심은 국가의 정치와 종교가 동일시된 탓에 더욱 불타올랐다. 예수가 눈앞에서 벌어지는 일을 이해하지 못했다거나, 동족이 겪는 괴로운 문제들에 무관심했다거나, 그 문제들을 깊이 생각하지 않았다거나, 자신이 가르친 그 사람들이 가장 크고 중요하게 여기는 문제에 명확한 태도를 취하지 않았다고 생각하는 것이 합리적일까?

사회적, 정치적으로 권리를 빼앗긴 사람들이 항상 짓눌려 한순간도 떨치지 못하는 문제가 하나 있다. '어떻게 해야 살아남을 수 있는가'이다. 그레코-로만 세계 속 유대 민족의 경우에는 이 문제가 일반적인 경우보다 훨씬 심각했다. 왜냐하면 이 문제는 목숨을 부지하는 생존뿐만 아니라 사실상 문화와 신앙의 생존과도 관련이 있었기 때문이다. 유대교는 하나의 문화와 문명이자 종교였고, 어떤 형태의 이원론도 허용하지 않는 철저하고 총체적인 세계관이었다. 유대교가 마주했던 중대한 문제는 적대적인 헬라 세계 한복판에 고립된 상태에서 자율적인 하나의 문화, 종교, 정치 단위로 존재해야 한다는 것이었다. 그들의 문화와 종교, 종교와 정치적 자치권을 구분하는 선명한 경계가 있었다면 타협점을 찾을 수 있었을 것이다. (지도층의) 유대인들은 기본적인 타협이 가능하다고 생각했고 시리아와의 정치적 합병을 통해 로마의 통치에 바로 편입되어 로마 정책의 틀 안에서 종교적, 문화적 자율성을 보장받기 원했다. 그러나 이런 시도는 이미 날이 서 있던 민족주의 감정을 더욱 악화시키고, 로마의 권위에 대한 직접적이고 전면적인 공격을 불가피하게 만들었을 뿐이다.

이러한 시대정신 속에서 예수는 가르침과 사역을 시작했다. 예수의 교훈은 이스라엘 족속을 겨냥했다. 그들은 그레코-로만 세계 안에서 지위와 자유, 자율성을 상실하고 비통해 하면서 잃어버린 영광과 과거의 위대함을 회복하려는 꿈에 사로잡힌 소수 민족이었다. 그러나 예수의 메시지는 이스라엘 민족의 내적 태도에 근본적 변화가 시급하다는 데 초점을 맞추었다. 그는 삶의 문제는 마음에서 비롯되며, 아무리 크고 압도적인 외부 세력이라도 그에 맞서는 정신을 먼저 꺾지 않고는 한 민족을 최종적으로 멸망시킬 수 없다는 것을 온전히 인식했다. "욕을 먹었다고 해서 욕하는 것이야말로 진정한 악이다. 그것은 영혼 자체의 악이기 때문이다." 예수는 이것을 더없이 명료하게 알아보았다. 그는 개인의 내면으로 거듭거듭 돌아왔다. 점점 더 예리하고 놀라울 정도로 정확하게, 자기 백성의 운명을 결정짓는 중요한 무대로 '내면의 중심'을 지목했다.

신학생 시절에 나는 4년에 한 번씩 열리는 학생자원선교운동‡ 대회에 참석했다. 어느 날 오후, 700여 명의 참여

‡ Student Volunteer Movement. 대학생들에게 선교의 비전을 주고 헌신하게 한 선교동원사역—옮긴이.

자가 모여 그룹 모임을 가졌는데, 한 한국인 소녀가 그 자리에서 미국 교육에 대한 인상을 말해 달라는 요청을 받았다. 그 일은 두고두고 내 기억에 남아있다. 한국인 학생은 성격이 좋고 체구가 다소 작았다. 그녀는 단상 가장자리로 다가가서 다소 긴장한 듯이 이렇게 말했다. "미국 교육에 대한 제 소감을 말해 달라고 하셨습니다. 하지만 한국인이 말할 수 있는 주제는 하나뿐입니다. 일본의 지배를 벗어난 독립입니다." 학생은 20분 동안 민족의 독립을 열렬히 호소하고는 이런 문장으로 연설을 마무리했다. "미국의 어린 소년에게 무엇을 원하느냐고 물으면 그는 '은행에 입금하거나 호루라기나 사탕을 살 수 있는 1페니짜리 동전을 원한다'라고 말할 겁니다. 하지만 한국의 어린 소년에게 무엇을 원하느냐고 물으면 이런 대답을 듣게 될 것입니다. '일본의 지배로부터 독립하는 것입니다.'"

예수가 팔레스타인에서 어린 시절을 보낼 때 유대인 공동체의 삶을 규정했던 분위기가 바로 이런 것이었다. 유대인들에게는 로마에 대해 어떤 태도를 취해야 하는가가 시급한 문제였다. 도덕적으로 용인할 수 있으면서도 의미 있는 삶에 필수적인 기본적 자존감을 지키게 해 줄 태도가 가능한가? 이것은 학문적 질문이 아니라 그들에게 가장 중요한 문제였다. 본질적으로 로마는 원수였고 총체적 좌절을 상징했으며, 마음의 평화를 가로막는 거대한 장벽이었다. 그리고 로마는 어디에나 있었다. 당시의 모든 유대인은 자신의 직업, 사회 속 자신의 위치라는 실제적인 삶의 문제를 해결하기 위해 먼저 내면 깊은 곳에서 이 중요한 문제를 풀어야만 했다.

이것이 시대를 막론하고 권리를 빼앗긴 사람들의 처지다. 통치자들, 곧 정치, 사회, 경제적 삶의 지배자들을 어떤 태도로 대해야 할까? 이것은 미국에 사는 흑인의 질문이다. 이 질문을 대면하고 해결하기 전까지, 그는 자신의 삶과 관련된 환경에 어떤 영향도 미칠 수 없다. 무언가를 준비할 수도 없고 주장할 수도 없다.

예수가 속했던 유대인 소수 민족에게는 크게 두 가지 대안이 있었다. 간단히 말해, 저항하지 않거나 저항하는 것이다. 각 대안은 다시 두 가지 대안으로 나뉜다.

우선, 무저항이라는 전반적인 태도에 따라 모방의 입장을 취할 수 있다. 이런 태도의 목적은 지배 집단의 문화와 사회적 행동 패턴에 동화되는 것이다. 즉, 강자에게 완전히 굴복하는 것을 말한다. 내면 깊은 곳에서는 합당하지 않다고 인식하는 대상에게 자신을 맡기는 것을 의미하기 때문이다. 이것은 자긍심 상실을 감수하는 일이다. 이렇게 하는 이유는, 겉으로 드러나는 모든 외적 차이를 최소한으로 줄여 적극적 폭력이나 대립이 일어날 표면적 이유를 없애기 위해서이다. 경우에 따라 자신의 유산, 관습, 신앙을 부인하는 것이 여기에 포함될 수 있다. 무저항이라는 큰 방침 안에서 이 선택지가 추구하는 궁극적 기능은 확실한 모방으로 겉모습이 완전히 동화되어 차이로 인한 적대감이 해소되는 것이다. 헤롯은 이런 해결책의 탁월한 사례였다.

사두개인들도 어느 정도는 이런 태도를 보였다. 그들은 '상류' 계층을 대표했다. 그들 무리에서 대제사장들이 나왔고, 성전 예배에서 파생되는 경제적 안정도 독점하다시피 했다. 사두개인들은 다수의 이스라엘 백성을 대표하지 않았다. 기존 질서가 조금이라도 어지러워지면 그들의 지위도 흔들릴 터였다. 그들은 이스라엘을 사랑했지만 자신의 안전을 더 사랑했던 것 같다. 그들은 로마와 공적인 평화를 유지하면서 삶을 이어갔다. 영민한 그들은 모든 혁명가와 급진주의자들에게 굳건히 맞서는 것이 자신들의 지위를 유지하는 방법임을 알고 있었다. 급진주의자들은 사람들로 하여금 이 불가피한 상황에 저항하도록 자극할 뿐이고, 그러다가 결국 모든 것을 잃고 말 것이었다. 사두개인들의 비극은 로마인들의 지위를 이상화하고 로마인들처럼 됨으로써 로마인들의 도덕적 운명을 똑같이 겪었다는 데 있다. 그들은 로마인처럼 되거나 로마인에게 멸망당하거나, 둘 중 하나라고 생각했다. 그리고 첫 번째를 택했다.

무저항의 노선 안에 있는 또 다른 선택지는 원수와의 접촉을 최소한으로 줄이는 것이다. 자신이 거부한 지배문화 안에서 문화적으로 고립되는 태도이다. 이런 교묘한 태도는 복잡한 감정의 산물일 수 있다. 여기에는 원통함과 증오뿐 아니라 계산된 뿌리 깊은 두려움도 담겨 있다. 적극적인 저항은 많은 이유로 무모한 일일 것이다. 그러므로 적개심을 엄격한 통제와 검열 아래 두는 것이 〔생존으로 가는〕 유일한 출구다.

이러한 태도가 만들어 내는 문제는 항상 존재한다. 사회 변화를 위해 노력하는 이들의 반대 세력은 현상 유지를 책임지는 이들만이 아니다. 현재 상황이 유지되어야만 안전이 보장된다고 생각하는 이들도 변화에 저항한다. 이것은 거듭거듭 증명된 사실이다. 그 이유를 찾기는 어렵지 않다. 지배자가 권력을 사용하여 다른 사람들에게 불안감을 심어 주어야만 자신이 안전해진다고 확신하게 되면, 사람들의 안전을 보장할 방책이 그의 손에 있다고 믿게 만들려 할 것이다. 그렇게 해서 안전이나 불안전이 한 개인이나 집단의 처분에 달려 있다고 나머지 사람들이 믿게 되면 그들에 대한 통제는 일상적인 일이 된다. 모든 제국주의는 이런 식으로 작동한다. 이런 장치를 이용해 피지배 민족들을 통제한다.

영화 「벤허」에는 아주 인상적인 장면이 등장한다. 로마 군단이 행진하는 동안 수백 명의 사람들이 길가에 조용히 서 있다. 마지막 군인이 지나간 후, 대단히 근엄하고 침착해 보이는 유대인 신사가 팔짱을 낀 채 경멸이 가득 담긴 눈으로 얼굴 근육을 전혀 움직이지 않고서 멀어지는 군단의 뒤쪽을 향해 침을 뱉는다. 당시의 분위기를 완벽하게 담아낸 장면이다. 바리새인들의 태도가 바로 그랬다. 적어도 부분적으로는 분명히 그러했다. 로마에 맞선 적극적인 저항은 없고 끔찍한 경멸만 있었다. 이런 태도는 화약고와 같다. 끔찍한 사건 하나로도 그동안 억눌려 온 격노에 불을 붙일 수 있고, 그 뒤로는 불에 탄 시체들만 남아 인생의 비극을 소리 없이 상기시킬 수 있다. 예수는 이것을 인식했고 분명히 이해했다.

나머지 선택지는 저항이다. 무저항도 저항의 한 형태라고 주장할 수 있는데, 무저항을 저항의 추가적 차원으로 간주할 수 있기 때문이다. 저항은 명시적인 행동이 될 수도 있고 정신적, 도덕적 태도에 그칠 수도 있다. 여기서는 논의의 목적상, 내면의 태도를 물리적이고 명시적으로 드러내는 것이 저항이라고 정의하고자 한다. 이러한 의미에서 볼 때 저항은 무력행사를 통해 가장 극적으로 나타난다.

무력 저항은 권리를 빼앗긴 사람들의 비극적인 최후수단이 되기 쉽다. 무력 저항이 호소력이 있는 것은 억압받는 사람들의 눌려있던 압박감을 해소시키고 철저히 무능하고 무력하다는 자괴감에서 벗어나게 해 주는 표현과 활동의 형태를 띠기 때문이다. "왜 우리는 아무것도 하지 않지? 뭔가 해야만 해!" 이런 외침이 거듭해서 들려온다. 여기서 '뭔가'는 말, 미묘한 반응, 위협, 풍자가 아니라 행동, 그것도 직접적인 행동을 의미한다. 사슬에 묶여 썩어가는 것보다 자유를 위해 싸우다 죽는 것이 낫다는 주장이 이어진다.

노예가 되느니
무덤에 묻히겠노라.
하나님 계신 본향으로 돌아가
자유를 누리겠노라!

이런 정서는 곱씹을수록 더욱 집요한 호소력을 발휘한다. 이것은 일종의 광신이 분명하지만, 내가 이런 정서를 반대한다는 말은 아니다. 모든 행동에는 비합리성이 어느 정도 작용하기 때문이다. [무력 저항이 불가피하다는] 정서가 일단 완전히 조성되면, 모든 신중론은 타협이나 비겁함으로 해석된다. 통치자가 국가권력을 사용할 수 있고 무기를 동원할 수 있다는 사실은 거의 고려되지 않는다. 마음 깊은 곳에서 크고 지독한 확신이 부풀어 오른다. 자신의 대의는 정당하기 때문에 실패할 수 없다는 확신이다. 모든 실패는 일시적인 것으로 간주되고, 헌신적인 사람들은 실패를 인격의 시험장으로 여긴다.

예수 당대의 열심당원들에게서 이런 태도를 볼 수 있다. 그들의 입장은 아주 매력적으로 보였다. 적들이 그들을 상대하기 위해 조직 차원의 결정과 무력을 동원해야 했기 때문이다. 사람들이 자신의 중요성을 확인하는 척도 중 하나는 적이 그들을 진압하거나 저지하기 위해 기울이는 힘과 노력의 양이라는 사실을 결코 잊어서는 안 된다. 이것은 약하고 보잘것없어 보이는 운동도 엄청난 박해를 받으면 오히려 만만찮게 변한다는 사실에 대한 한 가지 설명이다. 박해는 그 운동의 존재 가치에 대한 일종의 신임 투표가 되고, 참여자들은 그것을 영감과 힘, 정당성의 원천으로 여기게 된다. 열심당원들은 이것을 알았다. 예수도 이를 알았다. 예수를 따르는 적은 무리, 특히 열두 제자 가운데 열심당원이 있었다는 것은 단순히 지나칠 수 없는 중요성을 갖는다.

예수는 저항과 무저항이라는 양자택일 앞에서 또 다른 대안을 내놓았다. 이 부분에서 심코비치는 예수의 심리를 이해하는 데 큰 도움을 준다. 그는 예수가 자신의 대안을 "천국이 우리 안에 있다"라는 간단한 공식으로 표현했음을 상기시키고 더 나아가 이렇게 말한다.

예수는 유대 민족의 독립 상실과 로마의 침략에 깊이 분

개했다.⋯⋯인간적 굴욕은 아프고 괴로웠다. 그 타는 듯
한 굴욕을 아물게 하는 것은 겸손이었다. 겸손은 굴욕을
겪을 수 없기 때문이다.⋯⋯그래서 예수는 백성을 향해 이
렇게 말했다. "나는 마음이 온유하고 겸손하니 내게 배우
라. 그리하면 너희 영혼이 쉼을 얻으리니. 이는 내 멍에는
쉽고 내 짐은 가벼움이라."*

예수와 똑같이 고통받던 많은 동포들이 그의 이런 입장에
분노한 것은 자연스러운 일이었다. 그들에게 예수의 입장
은 완전히 적의 편을 드는 배신처럼 보였다. 그것이 만약
절망의 표현이 아니라면 비굴하고 노골적인 비겁함이 가
득한 묵종을 권하는 것처럼 보였다. 그리고 애써 태연함을
가장하는 자기기만처럼 보였다. 예수의 말이 거기서 그쳤
다면 사람들의 지적이 정당했을 것이다. 그러나 예수의 말
은 그 정도에서 끝나지 않았다. 그는 내면의 삶을 타인이
좌우하도록 내버려두는 것은 운명의 열쇠를 타인의 손에
넘기는 꼴임을 명확한 현실감각으로 인식했다. 우리에게
무슨 짓을 하고 어떤 욕설을 하면 울화통을 터뜨리고 평정
심을 잃게 할 수 있는지 정확히 아는 사람은 우리를 항상
지배할 수 있다. 어떤 상황에 대한 사람의 반응을 보면 그
상황이 그 사람에게 어느 정도나 영향력을 행사하는지 알
수 있다. 예수는 이스라엘 민족과 로마인 사이의 관계의

*   *Toward the Understanding of Jesus*, pp. 60 – 61. Copyright 1921, 1937,
1947 by The Macmillan Co. and used with their permission.

핵심을 분명히 이해했고, 이스라엘의 선지자들을 통해 깨닫게 된 종교적 신앙의 심오한 윤리적 통찰을 바탕으로 그 관계를 해석했던 것 같다.

예수가 그레코-로만 세계의 적대감에 맞서 본인과 이스라엘을 위해 찾은 해결책은 모든 세대와 모든 시대의 억눌린 모든 사람을 위한 구원의 가르침이자 사역이 되었다. 나는 이 말을 문자 그대로 믿는다. 나는 기독교의 구원 교리에 대한 신학적이고 형이상학적인 해석을 무시하지 않는다. 그러나 세상 모든 곳의 불우한 사람들은 이런 유형의 구원이 그들을 위로할 길조차 없는 절망에 빠뜨린 결정적 문제들을 다룰 수 있다는 소망을 버린 지 오래되었다. 〔그러나〕 근본적인 사실은 유대인 교사이자 사상가인 예수의 정신에서 탄생한 기독교는 억압받는 이들을 위한 생존 기법으로 등장했다는 것이다. 이후 세월이 흘러 기독교가 힘 있는 자들과 지배자들의 종교가 되고 억압의 도구로 쓰이기도 했다고 해서, 그것이 예수의 정신과 삶 속에 있던 기독교의 내용이라고 치부해서는 안 된다. "그 안에 생명이 있었으니 이 생명은 사람들의 빛이라"(요 1:4). 예수의 정신이 나타나는 곳마다 억압받는 사람들이 새로운 용기를 얻는다. 예수는 권리를 빼앗긴 사람들의 자취를 추적하는 지옥의 세 마리 사냥개인 두려움, 위선, 증오가 그들을 지배하게 둘 필요가 없다는 좋은 소식을 선포했기 때문이다.

나는 예수 그리스도에 관한 교회의 가르침에서 의미 있거나 지적인 요소를 거의 발견하지 못한 세대에 속한다. 우리 세대가 대체로 기독교에 반기를 들게 된 것은, 그것이 본질적으로 내세 종교라는 전반적인 인상을 주었기 때문이다. 이런 기독교는 "세상을 다 가져가되 예수만 내게 달라"는 구호를 모토로 삼는다. [우리 세대 흑인들이] 기독교를 결사반대하는 것은 흑인이 천국, 용서, 사랑 등에 관심을 집중하게 함으로써 결국 흑인을 적들의 손에 넘기고 있는 것으로 보이기 때문이다. [천국, 용서, 사랑에 대한] 이런 강조가 예수의 종교와 밀접한 관련이 있는 것은 사실이지만, 이것이 [예수의 종교의] 약점과 실패로 보이는 것이 아니라, 오히려 그것들이 실제로 힘과 생명력을 주는 중요한 요소로서 이해되어야 한다. 여러 해 동안 나의 탐구 과제는, 기독교가 예수의 신앙을 배신한 행태로 인해 심각한 피해를 입은 지성인들이 예수의 종교를 제대로 이해하여 그의 삶의 방식에 대한 관심을 발전시키고 이어갈 수 있게 하는 것이었다.

어린 시절 나는 상당 기간 동안 외할머니의 보살핌을 받았다. 할머니는 노예로 태어나 남북전쟁 전까지 플로리다주 매디슨 근처의 농장에서 사셨다. 글을 읽지도 쓰지도 못하시는 할머니에게 여러 글을 읽어드리는 것이 나의 일상 중 하나였다. 일주일에 두세 번은 할머니께 성경을 소리 내어 읽어드렸다. 나는 할머니가 그날 읽을 성경을 아주 까다롭게 고르신다는 사실에 깊은 인상을 받았다. 나는 경건에 유익한 상당수의 시편들, 이사야서 일부, 복음서 일부를 거듭해서 읽고 또 읽었다. 하지만 바울 서신은 절대로 읽지 않았는데, 아주 가끔 읽는 고린도전서 13장은 유일한 예외였다. 나는 호기심이 아주 많았지만, 그 부분에 대해선 할머니에게 아무것도 묻지 않았다.

시간이 지나 내가 대학을 절반쯤 마쳤을 무렵, 여름방학 막바지에 집에서 며칠을 보낼 기회가 생겼다. 어느 날, 무모한 일이라는 생각이 강하게 들었지만 나는 할머니께 왜 바울 서신은 절대 읽지 못하게 하셨는지 여쭤보았다. 그날 할머니의 답변을 결코 잊지 못할 것이다. "노예제가 있던 시절, 주인의 목사가 가끔 노예들을 위한 예배를 인도했단다. 주인이었던 맥기 노인은 아주 고약한 사람이라서 흑인 목사가 자기 노예들에게 설교하는 것을 허락하지 않았지. 백인 목사는 항상 바울의 글을 본문으로 설교했어. 일 년에 적어도 서너 번은 '노예들아, 너희의 주인 된 자들에게 순종하기를……그리스도께 하듯 하라'*는 성경 본문을 읽었지. 그러고는 우리가 노예인 것은 하나님의 뜻이고 착하고 행복한 노예로 살면 하나님이 우리에게 복 주실 거라고 설교했어. 그때 나는 창조주께 약속했다. 내가 만약 읽기를 배운다면, 그리고 만약 자유를 얻게 된다면, 성경의

• 에베소서 6:5(사역)—옮긴이.

그 부분은 절대로 읽지 않겠다고 말이다."

플로리다의 현관 베란다에서 대화를 나눈 그 운명의 날 이후, 나는 할머니의 이야기가 보여 준 문제를 해결하기 위해 노력해 왔다. 그 결실 중 일부가 내가 지금 다루는 사안을 밝히는 데 중요한 도움을 준다. 기독교 운동의 무게추가 복음의 가르침과 정반대로, 너무나 자주 약자와 억압받는 자 쪽이 아니라 강자와 권력자 쪽으로 기울었다는 것은 부인할 수 없는 사실이다. 노예와 자유인을 아우르는 모든 사람에게 폭넓고 보편적인 관심을 가졌던 바울이지만, 그의 심리가 특정한 방식으로 치우쳐 있다는 점에서 그에게도 일부 책임이 있는 것 같다.

사실관계를 확인해 보자. 사도 바울은 유대인이고 최초의 위대하고 창조적인 기독교 해석자이다. 그의 서신들은 복음서보다 더 오래되었다. 원래 그는 예수의 제자 중 한 사람이 아니었기 때문에, 제자들은 그를 스승에 관해 권위 있게 말할 수 있는 사람으로 온전히 받아들이지 않았던 것 같다. 이 사실은 사도의 영혼을 무겁게 짓눌렀다. 그는 예수의 제자들 사이에서 소속감을 느끼지 못했다. 제자들은 돌아가며 늘 이렇게 말했을 것이다. "하지만 물론 당신은 잘 이해하지 못하실 겁니다. 왜냐하면, 그러니까……할 때 거기 함께 있지 않았으니까요."

그러나 예수가 유대인이었던 것처럼 바울도 유대인이

었다. 이 사실은 변하지 않는다. 혈통이나 교육, 배경, 종교로 볼 때 그는 우리가 지금껏 다뤄 온 소수민족인 유대 족속의 일원이었다. 그러나 대부분의 유대인들과 달리, 그는 로마의 시민권을 가진 자유민 신분의 유대인이었다. 제국 내에서 그와 동포 유대인들의 지위 사이에는 사막과 바다만큼의 격차가 있었다. 이 사실로 인해 매우 어려운 딜레마가 생겼다. 한편으로 그는 특권층에 속해 있었고 제국의 자유를 마음껏 누릴 수 있었다. 유대인 특유의 유산, 신앙, 종교에도 불구하고 로마 시민권이 주는 여러 권리를 주장할 수 있었다. 그는 동료들보다 운이 좋았다는 이유만으로 자신을 부정해야 했을까? 민족을 배신했다는 자괴감과 깊은 죄책감을 느끼지 않는 선에서 어느 정도까지 자신의 권리를 받아들일 수 있었을까? 그는 소수집단에 속하면서도 다수집단의 특권을 가진 사람이었다. 소아시아의 어느 감옥에서 로마 군인이 그를 괴롭히면 카이사르에게 직접 호소할 수 있었다. 국가가 보장하고 제공하는 보호를 늘 받을 수 있었다. 그것은 비상시에 언제라도 쓸 수 있는 마법의 공식과도 같았다. 바울이 자신의 특권을 사용한 사례가 기록상 한 번뿐인 것은 그의 삶을 지배한 예수 그리스도의 놀라운 능력 덕분이다.

그가 가진 안전감이 그의 역사 철학의 특정 측면에 영향을 미쳤으리라는 것은 충분히 이해할 만하다. 당연히 그는 국가와 관리들을 존중했을 것이다. 그들의 불관용을 정당화하고 합법적으로 표출하는 이들로 여겼던 동료들과는 달랐을 것이다. 그는 국가의 안정을 통해 자신의 안정된 지위를 보장받았다. 그렇다면 그가 노예들에게 그리스도께 순종하듯 주인에게 순종하라고 말하고 모든 정부는 하나님이 제정하셨다고 말한 것이 그리 놀랄 일은 아니다. (이것은 존재하는 모든 것은 어떤 의미에서 하나님이 허락하신 일이라든지, 인간의 연약함을 감안하여 하나님이 정부와 통치자를 보존하신다는 주장의 연장선상에 있는 발언이 아니다.) 〔하지만〕 바울 서신에서 이와 매우 다른 성격의 발언, 즉 인종과 계급, 조건의 장벽을 모두 초월한 바울의 구상을 드러내는 발언을 찾을 수 없다고 말하는 것은 심각한 오해의 소지가 있고 부정확한 말이다. 그러나 〔바울이 노예제를 옹호하는〕 다른 면은 엄연히 존재하고, 기독교 메시지의 권위를 사용해 다른 이들을 억압하고 굴욕감을 주고 싶어 하는 사람들이 언제든 그것을 활용할 수 있다. 요지는, 바울의 가르침의 한 측면은 그가 가진 로마 시민권을 배경에 놓고 바라볼 때 이해할 수 있다는 것이다. 이 측면은 그의 역사 철학에 영향을 미쳤고, 크나큰 좌절을 초래하여 바울이 인류의 양심에 명확히 전하려고 몸부림쳤던 운동의 역사에 쓰라린 열매가 맺히게 했다.

그런데 예수는 로마 시민이 아니었다. 그는 시민권이

통상적으로 보장하는 바, 곧 자신이 제국의 일원이라는 것을 아는 데서 오는 차분한 안전감과 그것이 주는 자신감이나 일반적인 환경으로부터 보호받지 못했다. 로마 군인이 예수를 도랑에 밀어 넣어도 그는 카이사르에게 호소할 수 없었을 것이고, 단지 도랑에 빠진 또 하나의 유대인에 불과했을 것이다. 로마 시민권자가 누리는 안전의 테두리 바깥에 서 있던 그는 온갖 '가혹한 운명의 화살'에 끊임없이 노출되어 있었다. 그에게 국가는 부실한 피난처일 뿐이었다. 얼마나 불안정한 신세인가! 이런 상황이 지독한 시민적, 도덕적 허무주의와 정신적 무정부 상태를 얼마나 많이 만들어 냈겠는가! 실제로 안전감 없이 하루하루를 살아가는 사람이 아니고서는 이 지점에서 예수와 바울이 얼마나 멀리 떨어져 있는지 이해할 수 없다.

팔레스타인에서 예수의 사회적 위치와 미국 흑인 절대다수의 사회적 위치는 놀랄 만큼 유사하다. 그 유사성은 이 문제로 오래 고민해 본 사람이라면 누구나 알아볼 수 있다. 지금 우리는 본질적으로 동일한 심리를 만들어 내는 조건을 다루고 있다. 더 이상의 비교는 불필요하다. 온전한 시민권을 불허하는 예수 당시와 유사한 사회 분위기가 주체적 생존을 방해한다. 대부분의 흑인들은 국가가 보장하는 기본적 시민권이나 기초적인 보호가 전무하다고 생각한다. 그들의 시민적 지위는 명확하게 규정된 적도 없다.

그들은 사회를 통제하는 지배자들로부터 제대로 보호받지 못했고, 그들 집단 내부의 거침없는 부류로부터는 더더욱 보호받지 못했다.

그 결과 흑인들은 스스로의 보호자가 되곤 한다. 별생각 없는 공격이든 고의적 공격이든, 그것에 맞서 스스로를 지키려는 경향을 갖는다. 그들은 지역의 경찰관이 백인의 범죄나 공격에서 자신을 지켜 주지 않고, 완전히 다른 이유로 흑인의 범죄로부터도 전혀 지켜 주지 않는다고 느끼는데, 이런 느낌에는 상당한 근거가 있다. 그래서 흑인은 언제든 자신의 생명을 지키고 그에 따른 결과를 감수할 준비가 되어 있어야 한다고 생각한다. 이러한 곤경 때문에 일부 흑인들에겐 방어 수단으로 무기를 사용하거나 계획적이든 즉흥적이든 폭력을 행사하는 것이 자연스러운 일이 되었다.

극도로 불안한 분위기 속에서 살았던 예수는 사회가 제공할 수 있는 것이 턱없이 부족한 상황에서 안전을 확립할 수 있는 다른 근거를 찾아야 했다. 그는 자신이 꿈꾸던 종교적 이상을 당시의 질서 안에서는 결코 달성될 수 없다는 것을 알았다. 그는 그 질서에 깊이 잠겨 있는 상태에서 하나의 꿈을 쏘아 올렸다. 그 꿈의 논리를 따라가면 모든 사람이 각자에게 꼭 필요한 보호막을 얻게 될 것이었다. 모든 사람을 위한 자리가 있을 것이고, 누구도 형제에게 위협이 되지 않을 것이었다. "하나님의 나라는 너희 안에 있다"(눅 17:21), "주의 성령이 내게 임하셨으니 이는 가난한 자에게 복음을 전하게 하시려고 내게 기름을 부으[셨음이라]"(눅 4:18).

그가 세운 삶의 기본 방침들은 동포의 절망을 꿰뚫어 보고 그것에 아무런 근거가 없음을 폭로한다. 우리는 그의 말이 이런 뜻일 거라고 추론할 수 있다. "서로에 대한 두려움을 버리고 하나님만 두려워하라. 어떤 기만과 부정직함에도 빠지지 말라. 목숨이 위험한 지경이라 해도 마찬가지다. 너희는 그저 '예' 할 것은 '예' 하고, '아니요' 할 것은 '아니요'만 하라. 그 이상의 말은 악한 것이다. 증오는 미움받는 사람과 미워하는 사람을 모두 파괴한다. 너희 원수를 사랑하라. 그리하면 하늘에 계신 너희 아버지의 자녀가 되리라."

2

두려움

두려움은 가난한 사람, 재산을 빼앗긴 사람, 권리를 빼앗긴 사람의 발자취를 따라다니는 지옥의 집요한 사냥개 중 하나다. 두려움은 새로운 것이 아니고 최근에 생긴 것도 아니다. 지구상에서 인간이 살아온 시간만큼이나 오래되었다. 두려움은 종류가 다양하다. 사물에 대한 두려움, 사람에 대한 두려움, 미래에 대한 두려움, 자연에 대한 두려움, 미지의 것에 대한 두려움, 노년에 대한 두려움, 질병에 대한 두려움, 삶 자체에 대한 두려움도 있다. 경험의 여러 측면 및 세세한 마음 상태와 관련된 두려움도 있다. 우리의 집, 기관, 교도소, 교회에는 모종의 두려움 때문에 낮에는 쫓기고 밤에는 괴로워하는 사람들이 가득하다. 그런 두려움은 사람이 혼자가 되자마자, 불이 꺼지자마자, 또는 사회적 방어 수단이 일시적으로 제거되자마자 달려들 준비를 하고 도사리고 있다.

많은 가난한 사람들, 경제적, 사회적으로 불안정한 사람들을 끊임없이 괴롭히는 두려움은 이와 종류가 전혀 다르다. 서서히 엄습하는 기후라고나 할까? 샌프란시스코나 런던의 안개와 같다. 딱히 어디에도 없으면서 모든 곳에 있다. 이것은 일상을 둘러싼 격렬한 갈등을 겪으며 농축되어 우리가 어디를 가든 따라오는 분위기다. 그것은 강자약자와, 환경을 지배하는 사람들과 지배를 받는 사람들의 관계의 중심에 깊게 뿌리를 내리고 있다.

이런 두려움의 근원을 분석해 보면, 불우한 사람들이 다양한 차원의 폭력에 노출될 때 느끼는 고립감과 무력감에서 비롯된 것임이 분명하다. 느닷없고 냉혹한 폭력이 두려움을 낳는다. 도처에서 끊임없이 발생하는 폭력의 위협 때문에 두려움이 생겨난다. 물론 물리적 폭력이 가장 명백한 원인이다. 여기서 중요한 점은, 특정 종류의 물리적 폭력 또는 그에 상응하는 폭력이 나타난다는 것인데, 그것은 저항할 여지가 없는 폭력이다. 사냥개들을 피해 도망칠 수 없는 토끼가 두려워하는 바가 바로 이것이다. 겁에 질려 부들부들 떠는 토끼의 몸에 절망이 스미는 것이 보일 지경이다. 일방적인 폭력이다. 대등한 두 사람, 혹은 어느 정도 상대가 되는 두 사람이 사투를 벌인다면, 폭력은 끔찍하긴 해도 막연한 공포의 대상이 되지는 않는다. 어느 한쪽이 일방적 우위에 있지 않기 때문이다. 양측은 비슷한 조건에 있다. 그러나 힘과 폭력의 도구가 한쪽에만 있을 때, 제대로 보호받을 방법이 없다는 사실은 그에 따른 두려움을 더욱 증폭시킨다.

특정 개인이나 집단이 경제적, 사회적, 정치적 힘을 확보하고 그렇지 못한 다른 사람들에 비해 압도적 우위에 있는 사회에서는, 불리한 위치에 있는 사람들이 자신이 효과적으로 반격하거나 스스로를 보호할 수 없으며 박해자에게 보호를 요구할 수도 없다는 것을 깨닫게 된다. 사소한 갈등, 모욕 혐의, 모호한 변덕, 난데없는 좌절감을 계기로 무방비 상태인 사람에게 적나라한 물리적 폭력이 가해질 수 있다. 그런 상황에서 가장 자주 고개를 드는 것은 죽음에 대한 공포가 아니라, 이유도 목적도 없이 죽는다는데서 오는 깊은 굴욕감이다. 〔그런 죽음으로는〕 어떤 고귀한 목적도 달성되지 않는다. 피를 끓게 하고 고통을 마비시키는 진군의 나팔 소리도 없다. 싸움의 함성과 더불어 찾아오는 죽음이 아니다. 뜨겁고 이상적인 도덕적 열정으로 고심하여 계획한 행위의 대상이 되는 품위는 없다. 그저 제 분노에 못 이기거나 무심한 가학증에 사로잡힌 상대에게 덧없이 살해되거나 얻어맞을 뿐이다. 이 모든 경험은 사람을 사람 되게 하는 근본적인 자존감과 인격적 존엄성을 공격한다.

이런 식의 물리적 폭력은 피해자의 인격을 경멸하고 무시한다는 점에서 모멸적이다. 자신이 조직적인 폭력의 목표이고 자신을 파괴하기 위해 가장 강력하고 치명적인 무기를 신중하게 준비했다는 것을 안다면, 우리는 자신의 종말에서 뭔가 대단하고 고무적인 요소를 발견할 수도 있을 것이다. 이것이 거인 골리앗의 죽음에 대한 한 가지 해석에서 우리가 얻을 수 있는 교훈인지도 모른다. 블레셋의 힘과 무용(武勇)을 상징하는 거인 골리앗은 전투에 대비해 갑옷과 칼, 보호 장구까지 완벽하게 갖추었다. 그런데 그에 맞선 소년 다윗은 아마 짧은 의복 차림이었을 것이고 어쩌면 샌들조차 신지 않았을 것이다. 갑옷도, 칼도, 투구도 없이 무릿매를 손에 든 소년이 골리앗의 상대였다. 그렇게 전투에 나선 다윗의 모습은 그가 블레셋 족속의 힘과 무용을 어떻게 평가하는지 보여 준다고 생각할 수 있었다. 다윗을 마주한 거대한 골리앗이 지금 자기가 얼마나 우습게 여겨지고 있는지 제대로 깨달았을 때, 자존심이 상하고 격분한 나머지 혈관이 터져 뇌졸중을 일으켰다는 해석은 말 그대로 사실일 수 있다.

폭력의 위협 배후에는 비슷한 상황에서 폭력이 사용되었다는 소문이나 그런 사건이 늘 있다. 그것만 있으면 된다. 그러면 위협은 효과적인 도구가 된다. 〔어릴 적〕 내 고향 동네의 길 끝에는 개 한 마리가 살고 있었다. 녀석은 매일 오후에 우리집 옆길로 내려왔다. 나는 놈이 오는 소리를 들을 수 있었다. 중간에 다른 몇몇 집 마당 앞에서 빠르고 날카롭게 짖어댔기 때문이다. 소년들은 개와 눈이 마주치면 팔을 뒤로 뻗어 돌을 던지는 시늉을 했는데, 그러면 녀석은 바로 짖었다. 〔돌을 던질 것 같은〕 위협만으로도 원하는 반응을 얻기에 충분했다. 과거에 바로 그 동작이 고통과 부상으로 이어졌기 때문이다. 이것이 폭력의 위협이 가하는 역할이다. 이런 위협은 실제 겪은 일이든 들은 이야기든 과거의 경험에 기초하고, 현재의 두려움에 대한 반응을 유도하는 경향이 있다.

권리를 빼앗긴 이들은 골리앗이 그랬던 것처럼 경멸의 파괴적 영향을 경험한다. 자신은 중요한 존재가 아니고 자신을 지켜 줄 어떤 대비책도 없다는 사실이 마음에 새겨지는 것만큼 치명적인 일은 거의 없다. 폭력의 위협은 항상 존재하며, 폭력이 언제 우리를 덮칠지 정확히 알 수 있는 방법은 없다. 현대의 권력 정치에서는 이를 '신경전'이라고 부른다. 어느 사회에서든 약자는 끊임없는 신경전의 피해자다. 이 상황은 물리적 폭력에 기대어 유지되고, 그 폭력이 실제로 나타나지 않아도 가난한 사람들의 영혼을 완전히 황폐하게 만들 수 있다.

따라서 두려움은 억압받는 사람들이 완전한 신경쇠약에서 어느 정도 자신을 보호하기 위한 안전장치가 된다. 그들은 어떤 방식으로 자신을 보호할까? 우선, 폭력에 노출될 여지를 줄일 만한 행동 방식을 몸으로 익히고 반응한다. 몇 년 전 인도에 갔을 때 나는 이 말이 정확히 무엇을 의미하는지 경험했다. 인도에 도착한 첫날 저녁, 친구가 찾아와 몇 가지 조심해야 할 것을 조언해 주었다. 그리고 떠나기 직전에 마지막으로 뱀에 대한 주의사항을 말했다. 그는 밤에 불빛 없이 다니지 말고, 불이 꺼진 방에는 들어가지 말라고 조언했다. 잘 때는 항상 베개 밑에 손전등을 넣어 두고, 밤중에 일어나야 할 경우에는 침대 밖으로 나오기 전에 먼저 손전등으로 바닥을 비추어 보라고 했다. 야간에 태평하게 다니는 코브라를 방해하는 일이 없게 하라는 것이었다. 그가 떠난 후 나는 한동안 혼자 가만히 앉아 있었다. 정신을 집중하여 말 그대로 내 몸이 행동 방침을 받아들이는 시간을 가졌다. 친구의 조언을 몸이 잊지 않게 하기 위해서였다. 그 신체 훈련은 완벽했고, 이후 뱀을 조심하는 나의 행동은 자연스럽게 이루어졌다.

이것이 바로 약자들이 모든 곳에서 하는 일이다. 그들은 쓰라린 경험을 통해 극도의 주의를 기울이는 법, 자신이 처한 환경에서 즉각적인 위협이 줄어들게 행동하는 법을 배웠다. 그들에게 두려움은 일종의 생명보험으로 작용하여 적극적인 폭력을 최소화하고 물리적으로 생존할 수 있게 해 준다.

아이들도 동일한 방식의 행동법을 배운다. 권리를 빼앗긴 이들의 자녀들은 제약 속에서 어린 시절을 보낸다. 그리고 폭력에 노출되는 상황을 줄이는 훈련을 아주 어릴 때부터 받는다. 펠릭스 잘텐의 『밤비』에 나오는 늙은 노루는 밤비에게 달아날 새도 없이 총에 맞을 확률을 줄여 줄 행동 패턴을 아주 자세히 알려 준다. 인간의 냄새를 구별하는 법, 치명적일 수 있는 여러 상황, 비교적 안전한 행동 방식 등을 가르친다. 그는 밤비가 목숨을 보호하고 보존할 수 있는 행동 방식을 몸으로 완전히 받아들였다는 확신이 들 때까지 곁을 떠나지 않으려 한다.

무한에 가까운 권력을 배후로 이루어지는 폭력의 위협은 약자를 통제하는 무기가 된다. 약자들은 이동의 자유, 취업의 자유, 공공 생활 참여의 자유를 제약받는다. 이러한 인위적 제한은 일반적이거나 특정한 분리 또는 격리 정책으로 공식적으로나 비공식적으로 이루어진다. 이런 정책은 불안정한 사람들의 사회적 지위를 고착화하는 경향이 있다. 폭력을 실행하는 주체는 법 집행 기관뿐만 아니라 기존 질서를 대신하여 행동하는 모든 사람이 될 수 있다. 지배 집단의 모든 구성원은 어떤 의미에서 약자에 대한 차별적 관행을 집행할 관습적 권한을 부여받은 특별 대리인이다. 이 사실은 두려움을 조성하는 경향이 있으며, 두려움은 약자들을 억압하는 관행을 지지하고 강화하는 역할을 한다. 폭력이 가해질 수 있다고 생각하면 억압적 관행에서 조금이라도 벗어나는 것조차 매우 어려운 일이 된다.

차별적 격리(segregation)의 기능을 분석하는 것은 그로 인해 생겨나는 두려움의 본질을 잘 이해하는 데 중요한 역할을 한다. 차별적 격리는 권력과 지배력이 불평등한 두 집단 사이에서만 이루어진다. 한 사회에서 비교적 권력이 동등한 두 집단은 자발적으로 분리 조치를 취할 수 있지만, 차별적 격리는 약자와 강자의 관계에만 적용된다. 격리된 약자 집단에 임의로 부과된 제한은 시간이 지나면서 고착되고 두 집단 사이의 예절이라는 정상적인 규정처럼 보이게 되기 때문이다. 차별적 격리의 한 가지 특징은 강자들은 〔강자와 약자의 몫으로 각각〕 정해진 두 영역 사이를 암묵적 승인 아래 아무런 제약 없이 오갈 수 있는 반면, 약자들의 위치는 아주 분명하게 고정되고 굳어져 있다는 데 있다.

아주 간단한 예로 미국 남부에서 운행되는 짐 크로우* 열차를 꼽을 수 있다. 이 열차에서 짐꾼은 근무 시간이 아닐 때 짐 크로우 객차에만 탈 수 있다. 열차의 짐꾼은 흑인이기 때문이다. 그러나 기관사, 제동수, 수하물 계원 등 흑인이 아닌 승무원은 근무 중이 아닐 때 짐 크로우 객차

---

* 짐 크로우는 흑인을 경멸조로 부르는 말이다. 짐 크로우 법은 노예해방을 사실상 무력화하고자 1876-1965년까지 남부에서 제정되어 유지된 각종 인종 차별법의 통칭이다. 흑인의 선거권 제한, 공공장소에서 백인과 유색인종을 분리하는 규정들을 담고 있다—옮긴이.

는 물론이고 모든 객차에 탈 수 있다. 내가 자랐던 플로리다의 마을에서는 백인들이 흑인 교회에 와서 예배를 함께 드리는 것이 흔한 일이었다. 하지만 흑인들은 지역 내의 백인 교회에 갈 수 없었다. 전 세계 어디에서나 게토가 있는 곳에는 기본적으로 동일한 현상이 나타나는데, 약자의 위치를 극적으로 드러내고 폭력의 위협이 만들어 내는 공포스러운 치안 효과를 최대한 광범위하게 활용한다는 점이다.

차별적 격리가 강자 집단과 약자 집단의 관계를 결정하는 요소로 작용하면, 여러 사회적 자원들은 인위적으로 만들어진 그 지위를 강제하는 도구로 동원하게 된다. [우선,] 사회적으로 통용되는 행동 패턴 대부분은 차별적 격리가 정상적인 것으로 전제한다. 그리고 정상이라면 옳은 일이고, 옳다면 도덕적인 일이고, 도덕적이라면 종교적인 일이라고 가정한다. 이렇게 해서 종교는 이러한 추정들을 옹호하고 보증하는 역할을 떠맡는다. 하나님은 사실상 흰 보좌에 앉아 얼굴에서 밝고 하얀빛을 뿜어내는 선량한 백인 노신사로 표현된다. 금발과 갈색 머리의 천사들이 보좌 주위를 날면서 하나님의 사자가 되어 그분의 뜻을 실행한다. 사탄은 빨간 불빛을 내뿜는 존재로 묘사된다. 그러나 사탄의 사자인 작은 악마는 검다. "악마처럼 검다"라는 문구는 이런 생각이 고정관념이 된 것이다.

이런 가정들이 함축하는 바는 기가 막힐 만큼 엄청난 비극을 만들어 낸다. 차별적 격리가 상징하는 열등한 지위에 꼼짝없이 붙들린 불운한 사람들은 창조주의 뜻은 그와 다르다는 소망과도 단절된 채 어떤 사회적 보호도 받지 못한다. 비양심적일 뿐 아니라 야비한 두려움의 산물인 이러한 입장을 합리화하여 받아들이게 만드는 것은 악랄하고 철저히 비열한 짓이다. 이런 상황에서는 멸시받는 상태에서 자기 멸시의 상태까지 불과 한 걸음 밖에 떨어져 있지 않다.

차별적 격리가 약자들 사이에서 불러일으키는 두려움은 강자와 지배 집단 사이에서도 두려움이 일게 만든다. 그 두려움은 차별적 격리 정책을 실행하는 것이 잘못된 일이라는 양심의 가책을 느끼지 못하게 만든다. 격리 정책이 없으면 〔열등한 자들이〕 가정, 교회, 학교에 침입하는 상황을 막을 길이 없다고 생각하게 되기 때문이다. 이런 두려움 때문에 서구 문명의 유대인 게토, 캘리포니아를 비롯한 여러 주의 〔인종차별적〕 제한 규약*, 차이나타운, 리틀 도쿄, 힌두교 신자들 지역에 있는 불가촉천민 거리가 지속되는 것이다.‡

유대인 공동체는 차별적 격리와 그로부터 생겨나는 박해를 오랫동안 잘 알고 있었다. 유대인들은 선택받은 민족이라는 역사적 확신이 깊었기 때문에 차별적 격리에 더욱

---

*   restrictive covenants. 백인이 아닌 사람은 백인 거주자의 하인으로 고용되는 경우가 아니면 부동산을 소유하거나 임대할 수 없도록 했던 규약─옮긴이.

‡   최근 인도 정부는 불가촉천민 제도를 불법으로 규정했다. 힌두교 정부는 여러 해 동안 인도를 통치한 영국 식민정부가 해내지 못한 일을 해낸 것이다. 일이 이렇게 되는 것이 마땅한지도 모른다.

쉽게 걸려들었다. 이러한 확신과 유대인 선지자들의 독특한 윤리적 통찰이 강조되면서 이스라엘의 일원이 아닌 모든 사람들로 하여금 어떤 의미에서 자신들이 영적으로 버려진 존재라고 느끼게 하는 경향이 있었다. 그리고 외부자라는 느낌이 불러일으킨 의식적, 무의식적 반응은 반유대주의가 번성하는 온상이 되었다. 반유대주의는 깊은 열등감과 도덕적 불안감을 인정하는 조치다. 인류 역사에서 유대인 공동체가 줄곧 감당해 온 역할에 내재된 도덕적 심판의 위협 앞에서 사회적, 정치적 강자들이 느끼는 두려움이다. 예수는 공동체 내부에서 이 문제를 잘 인식하고 있었다. 그는 이 모든 것을 알고 있었다.

> 그의 시대는 그의 동족인 이스라엘의 아들들로부터
> 집중된 엄청난 적대감 속에서 펼쳐졌다.
> 그는 평생 동안 한순간도
> 자유롭지 못했다.[*]

두려움이 사회적 약자에게 미치는 영향을 알아보는 것은 유익한 일이다. 위협이 실제 폭력이 되는 순간에 두려움이 격해지면서 공황이나 격분의 형태를 띠게 된다. 그러나 그런 상황을 예상하는 것 또한 버거운 일이다. 기본적으로 승산이 별로 없기 때문이다. 이 사실을 명심해야 한다. 약

[*] Howard Thurman, *The Greatest of These*, p. 3.

자는 모든 갈등에서 당장에든 나중에든 자신과 관련된 특정 개인뿐만 아니라 전체 집단도 상대해야 한다는 것을 안다. 약자는 심지어 법의 중재에 의지하는 것조차 피하는 경향이 있는데, 법 해석이 지배적 집단에 유리하게 이루어질 거라는 두려움 때문이다. 그 결과 약자는 모든 만남을 회피하게 된다. 이것이 유발하는 영향은 생명체에겐 재앙에 가깝다. 연구에 따르면, 두려움은 신체에 실제적으로 화학 변화를 일으켜 혈류와 근육 반응에 영향을 미치고 몸이 투쟁이나 도피 중 하나를 선택하도록 준비시키기 때문이다. 도피를 선택하는 것은 적수의 추적과 제압의 욕구를 부채질할 뿐이다. 게다가 폭력이 가해지는 순간에 맞서지 않는 것은 겁쟁이가 되는 일이며, 스스로나 친구 및 가족이 판단할 때 아주 심각한 굴욕을 겪는 일이다. 남자라면 자기 여자 앞에서 남자로 서지 못하는 것이다. 그런 경험을 해 본 사람은 많지 않을지 모르지만, 누구나 그 대상이 될 수 있는 후보자라고 할 수 있다.

그렇다면 약자를 위한 안전장치, 일종의 보호 기제로 작용했던 이 두려움이 결국 자아를 죽인다는 것은 분명하다. 구원하는 힘이 사형 집행자가 된다. 분리의 벽 안에서 죽음이 지켜보고 있다. 어떤 이들은 자신이 사는 작은 세계 바깥에서는 자신의 중요성을 내세우며 권리를 주장할 생각을 완전히 포기하는 방식으로 이 죽음을 연기한다.

〔하지만〕아무 희망이 없으면 의욕은 사라지고 자아는 약화되고 손상된다. 오직 생존의 의지와 주어진 조건대로 삶을 받아들이려는 원초적 의지만 남는다. 모든 생명 안에 있는 그지없이 풍부한 자원, 생명 자체의 근본적인 활력이 보장하는 자원을 제대로 활용하지 못하는 것이다.

그렇다면 중요한 질문은 바로 이것이다. 권리를 빼앗긴 이들에게 도움이 될 만한 값진 것을 예수의 종교에서 찾을 수 있는가? 이 대목에서 권리를 빼앗긴 이들을 돕고자 하는 사람들에게 예수의 종교가 무엇을 말하는지 살피는 것은 완전히 요점을 벗어난 일이다. 그것은 자기에게 유리한 주장만 나열하는 것과 같다. 동료에게 연민의 대상이 되고 싶어 하는 사람은 없다. 물론 강자들이 그들의 기본적 안전을 보장하는 사회적, 정치적, 경제적 제도를 바꾸고 상황을 바로잡으려는 큰 노력을 기울인다면 전체 그림이 바뀔 수 있다. 하지만 이것은 내가 주장하고자 하는 바와는 별개의 문제다. 다시 중요한 질문으로 돌아가 보자. 권리를 빼앗긴 이들에게 도움이 될 만한 값진 것을 예수의 종교에서 찾을 수 있는가?

예수는 이런 종류의 두려움을 다루었을까? 다루었다면 어떻게 다루었을까? 이것은 '예수는 뭐라고 말했는가?'에 답하는 식으로 대답될 질문이 아니다. 물론 그의 말이 중요한 단서로 주어져 있는 것은 분명하다.

예수의 가르침을 분석해 보면 두려움으로 생겨나는 문제를 다루는 내용이 많음을 알 수 있다. 광야에서 시험받은 후, 예수는 회당에 나타났고 성경을 읽어 달라는 요청을 받았다. 그는 선지자 이사야의 글을 읽고 자신이 그 내용을 성취했다고 선언했다.

주님의 영이 내게 내리셨다.
주님께서 내게 기름을 부으셔서……
포로 된 사람들에게 해방을 선포하고
눈먼 사람들에게 눈 뜸을 선포하고
억눌린 사람들을 풀어주고
주님의 은혜의 해를 선포하게 하셨다.

예수께서 두루마리를 말아서……[되돌려주시고] 그들에게 말씀하셨다. 이 성경 말씀이 너희가 듣는 가운데서 오늘 이루어졌다(눅 4:18-21, 새번역).

마리아의 찬가에서 우리는 예수의 선언을 미리 보여 주는 말들을 발견한다.

[그는] 마음의 생각이 교만한 자들을 흩으셨고
권세 있는 자를 그 위에서 내리치셨으며

비천한 자를 높이셨고

주리는 자를 좋은 것으로 배불리셨으며

부자는 빈손으로 보내셨도다(눅 1:51-53).

예수가 이 문제의 핵심을 다루면서 내놓은 가장 구체적인
진술은 마태복음 10장에 등장한다.

그런즉 그들을 두려워하지 말라. 감추인 것이 드러나지
않을 것이 없고 숨은 것이 알려지지 않을 것이 없느니라.
내가 너희에게 어두운 데서 이르는 것을 광명한 데서 말
하며 너희가 귓속말로 듣는 것을 집 위에서 전파하라. 몸
은 죽여도 영혼은 능히 죽이지 못하는 자들을 두려워하
지 말고 오직 몸과 영혼을 능히 지옥에 멸하실 수 있는 이
를 두려워하라. 참새 두 마리가 한 앗사리온에 팔리지 않
느냐. 그러나 너희 아버지께서 허락하지 아니하시면 그
하나도 땅에 떨어지지 아니하리라. 너희에게는 머리털까
지 다 세신 바 되었나니 두려워하지 말라. 너희는 많은 참
새보다 귀하니라(마 10:26, 28-31).

누가복음의 다음 진술도 보자.

적은 무리여 무서워 말라. 너희 아버지께서 그 나라를 너

희에게 주시기를 기뻐하시느니라(눅 12:32).

산상설교에서 볼 수 있는 긍정과 믿음의 위대한 표현 안에는, 끔찍한 두려움 및 그 천둥 같은 쌍둥이 자식인 불안과 절망에 대한 예수의 적극적 답변의 요지가 명료하고 간결하게 담겨 있다.

그러므로 내가 너희에게 이르노니 목숨을 위하여 무엇을 먹을까 무엇을 마실까 몸을 위하여 무엇을 입을까 염려하지 말라. 목숨이 음식보다 중하지 아니하며 몸이 의복보다 중하지 아니하냐. 공중의 새를 보라. 심지도 않고 거두지도 않고 창고에 모아들이지도 아니하되 너희 하늘 아버지께서 기르시나니 너희는 이것들보다 귀하지 아니하냐. 너희 중에 누가 염려함으로 그 키를 한 자라도 더할 수 있겠느냐. 또 너희가 어찌 의복을 위하여 염려하느냐. 들의 백합화가 어떻게 자라는가 생각하여 보라. 수고도 아니하고 길쌈도 아니하느니라. 그러나 내가 너희에게 말하노니 솔로몬의 모든 영광으로도 입은 것이 이 꽃 하나만 같지 못하였느니라. 오늘 있다가 내일 아궁이에 던져지는 들풀도 하나님이 이렇게 입히시거든 하물며 너희일까 보냐. 믿음이 작은 자들아. 그러므로 염려하여 이르기를 무엇을 먹을까 무엇을 마실까 무엇을 입을까 하지 말라. 이는 다

이방인들이 구하는 것이라. 너희 하늘 아버지께서 이 모든 것이 너희에게 있어야 할 줄을 아시느니라. 그런즉 너희는 먼저 그의 나라와 그의 의를 구하라. 그리하면 이 모든 것을 너희에게 더하시리라. 그러므로 내일 일을 위하여 염려하지 말라. 내일 일은 내일이 염려할 것이요 한 날의 괴로움은 그날로 족하니라(마 6:25-34).

예수가 제시한 분석의 핵심은 인간은 하나님의 자녀, 곧 모든 천지만물을 지탱하고 생명 과정 자체의 복잡한 사항까지 낱낱이 보장하시는 생명의 하나님의 자녀라는 것이다. 예수는 사람의 머리털과 같은 세세한 부분에서도 창조 활동을 드러내시는 하나님이 인간 자체의 생명, 생명의 기운에 관심을 두지 않는다는 생각은 매우 불합리하다고 말한다. 하나님이 개인에게 관심을 가진다는 생각은 두려움이라는 질병을 다루는 데 대단히 중요한 의미가 있다. 이 세상에서 사회적 약자는 정신과 내면에 있어 가장 중요한 질문들인 "나는 누구인가? 나는 무엇인가?"에 끊임없이 부정적인 대답을 하게 된다.

첫 번째 질문은 기본적인 자기 평가, 깊은 소속감, 인정받는 느낌과 관련이 있다. 우리는 다른 사람들이 아주 자연스럽게 소속감을 느끼는 방식이 자신에겐 적용되지 않을 때 깊은 불안감을 느낀다. 이런 일이 일어나면 심리학자가 열등 콤플렉스라고 말하는 증상이 생길 수 있는 기본 토대가 마련된다. 사람이 개인적인 열등감을 느끼지 않으면서도 사회적 열등감에 시달리는 경우는 충분히 가능하다. 하나님의 자녀라는 인식은 자아를 안정시키고 새로운 용기와 대담함, 힘을 불어넣는 경향이 있다. 나는 그런 일이 일어나는 것을 거듭거듭 보았다.

어렸을 때 할머니는 내게 이런 인식을 심어 주었다. 가끔 동료 노예들과 함께 주인 몰래 신앙 공동체 모임을 열었던 어느 노예 목사가 할머니에게 전해 준 것이었다. 할머니가 그 집회를 이야기하면서 목사의 승리에 찬 절정부에 이를 때면 원초적 에너지가 만들어 내는 벅찬 전율로 내 안의 모든 것이 떨렸다. "여러분, 여러분은 깜둥이가 아닙니다. 여러분, 여러분은 노예가 아닙니다. 여러분은 하나님의 자녀입니다." 이것은 그들에게 개인적 존엄성의 근거가 되었고, 심오한 개인적 자존감이 공포에 대한 반응을 완화시켰다. 이것만으로는 충분하지 않지만, 이것 없이는 다른 모든 것이 무가치하다. 첫 번째 과제는 폭력의 위협이 조장할 수 있는 가장 극단적인 효과에 면역력을 갖는 것이다. 이것이 달성되면 울렁이는 두려움이 물러가고 마음이 편안해진다. 이제 개인은 자신이 중요한 존재이고 있어야 할 곳에 있다고 느낀다. 그는 자신의 뿌리를 확인하고, 인정받는 것을 느끼고 죽음조차도 작은 일로 여기게 된다.

모든 지도자는 자신이 불이익을 당한다고 느끼는 사람들에게 이런 소속감의 욕구가 얼마나 중요한지 인식했다. 몇 년 전, 나는 나치를 피해 네덜란드, 프랑스, 영국을 거쳐 마침내 미국으로 넘어온 젊은 독일 여성과 이야기를 나눈 적이 있다. 그녀는 독일 젊은이들에겐 히틀러가 강력한 자석과도 같았다고 설명했다. 그들은 소속감을 잃어버린 상태였다. 그들은 중요한 존재가 아니었고, 그 보잘것없는 자아에는 희망의 구심점이 없었다. 그 독일인 여성에 따르면, 히틀러는 그들에게 이렇게 말했다. "아무도 너희를 사랑하지 않는다. 하지만 나는 너희를 사랑한다. 아무도 너희에게 일거리를 주지 않는다. 하지만 나는 너희에게 일거리를 줄 것이다. 아무도 너희를 원하지 않는다. 하지만 나는 너희를 원한다." 그들은 히틀러의 눈에서 햇빛을 보았고, 손에 든 것을 내려놓고 그를 따라갔다. 그는 독일 청년들의 자존심을 다독였고 그로 인해 열등감을 극복하게 도왔다. 히틀러가 권력을 악용하여 혼란과 비참함을 초래한 것은 사실이지만, 그렇다고 해서 그가 활용한 방법론의 기본적 정당성까지 무시해서는 안 된다.

자신이 하나님의 자녀라고 확신하면 모든 동료와의 관계가 근본적으로 달라지는 경향이 있다. 우리는 다른 사람이 자신에게 어떤 힘을 발휘할 수 있든지 간에, 그 사람을 두려워하는 것이 자신의 삶의 온전함을 근본적으로 부정하는 것임을 곧바로 인식한다. 사람을 두려워하는 것은 한낱 인간을 오직 하나님께만 속하는 드높은 자리로 끌어올리는 것이다. 두려워하는 사람은 말 그대로 멸망에 내맡겨진 상태다. 하나님의 자녀에게는 인간을 헤아리고 그 진정한 가치를 판단할 수 있는 기준이 생긴다. 심지어 죽음의 가능성을 내포한 폭력의 위협조차도 그 실체를 있는 그대로, 곧 단순히 죽음의 가능성을 잠재한 폭력의 위협일 뿐임을 인식하게 된다. 이런 사람은 죽음이 세상에서 최악의 것이 아님을 인식한다. 죽음보다 더 나쁜 것들이 있다. 인간의 위협 앞에서 자신의 온전한 인격을 부정하는 것도 그중 하나다. 예수는 이렇게 말한다. "육신은 죽여도 그다음에는 그 이상 아무것도 할 수 없는 자들을 두려워하지 말아라"(눅 12:4, 새번역).

이런 새로운 관점이 가져오는 실제적 결과 중 하나는 다른 사람, 특히 자신을 적대시하는 사람을 객관적이고 차분하게 평가하는 능력이 생긴다는 것이다. 이런 식의 평가는 다른 사람의 중요성을 부정확하거나 과장하여 판단하는 것을 막아 준다. 링컨 스테펀스(Lincoln Steffens, 1866-1936, 미국의 언론인)는 나와 대화를 나누던 중, 소수 집단이나 게토에 사는 아이를 그러한 제약이 만든 부패한 영향을 받지 않도록 키울 수 있음을 확신한다고 말한 적이 있다.

그는 이렇게 말했다. "나는 아이가 절대로 다른 사람을 향해 '위대하다'고 말하지 않도록 가르칠 겁니다. 대신 그리스어에서처럼 '무엇에 관한 한' 위대한 것이라는 제한적인 표현을 사용하도록 가르칠 겁니다. 누구도 모든 면에서 위대하진 않습니다. 다만 특정한 어떤 것에 대해서는 위대할 수 있지요.

예를 하나 들어보겠습니다. 내가 베를린에 있을 때 세계 최고의 과학자 중 한 사람의 집에 손님으로 머문 적이 있습니다. 그곳에 묵은 처음 며칠 동안 나는 엉망진창이었습니다. 긴장했고 말도 제대로 안 나왔고 대체로 혼란스러웠고 불편했습니다. 빨리 정신을 차리지 않으면 방문을 중단해야 할 판이었습니다. 어느 날 아침 면도를 하다가 문득 물리와 수학 지식은 내가 크게 부족했지만, 정치에 관해서는 집주인보다 훨씬 더 많이 안다는 생각이 들었습니다. 이후 아침식사 시간에 나는 제대로 말을 하면서 자존감을 찾았고, 그와 나 사이의 평등한 분위기도 즉시 회복되었습니다. 집주인은 자연과학이라는 특정 분야에서 위대한 사람이었고, 나는 현대 정치와 사회문제 분야에서 유능했습니다. 이러한 인식이 내게 균형감을 갖게 해 주었습니다."

이 사례는 권리를 빼앗긴 사람이 답해야 할 두 번째 기본적 질문을 예견하게 해 준다. "나는 무엇인가?"라는 질문

말이다. 이 질문은 본질적 소속감이 아니라 개인의 성취 및 능력과 관련이 있다. 기회의 제한으로 생기는 모든 내면의 갈등과 좌절이 여기에 극적으로 집중된다. 사람이 하나님의 자녀로서 자신의 무한한 가치를 확신하더라도 여전히 그의 영혼이 원하는 자아실현과 성취의 기회를 얻지 못할 수 있다. 그가 더 이상 폭력의 위협을 느끼지 않는다 해도 여러 기회의 문들이 그의 앞에서 자주 닫힌다는 사실은 그대로 남는다. 그는 직업과 관련된 기회 앞에서 여러 번 거부당했다. 우리가 외부 환경적 요소들, 특히 자유를 제한하는 요소들을 고려해야 하는 것은 분명하다.

'사람은 하나님의 자녀'라는 예수의 위대한 선언을 기초로 하여 자라나는 내면의 자질에 관해 더 탐구해 보자. 사람의 자아가 안정되어 개인의 가치와 존엄성에 대한 확실한 근거가 세워지면, 그는 자신의 고유한 힘, 은사, 재능, 능력을 스스로 평가할 수 있는 위치에 서게 된다. 그는 자신이 처한 사회적 곤경을 만들어 내는 데 큰 책임이 있는 사람들의 어두운 렌즈를 통해 자신을 바라보지 않는다. 그는 자신이 마주하고 있는 세계의 속박에서 어느 정도 초연한 상태에서 스스로를 생각할 수 있다. 이런 상태에서 그가 소망을 붙드는 훈련에 임하면 그의 진정한 능력을 발휘하게 된다. 기회를 얻지 못해도 그는 바로 단념하지 않는다. 패배가 현실로 다가오기 전까지는 한사코 패배를 인정하지 않을 것이다. 놀라운 사실은 패배가 현실로 다가오지 않을 수도 있다는 것이다. 인간의 삶과 숨바꼭질을 벌이는 "나는 예외일지도 모른다"는 개념은 참으로 흥미롭다. 이 개념에는 상당한 환상과 자기기만이 내포되어 있지만, 운에 모든 것을 맡기고 절박하게 시도해 볼 수밖에 없는 사람들에게 거듭거듭 도움이 되었다.

자신이 하나님의 자녀임을 확신하면 무슨 일이든지 성실하게 감당하려는 심리 효과가 나타난다. 그것은 확실한 지식과 그것의 효과적 수행이라는 의미로서 인격(character)을 만들어 낸다. 결국, 이것이 바로 우리가 사람의 능력이 실제 행동으로 드러난 것을 '인격'이라고 부르는 이유다. 우리가 아파서 의사를 부를 때 그에 대해 가장 알고 싶은 것은 그의 자동차 제조사나 교통신호 준수 여부, 출석 교회, 자녀의 수, 결혼 여부가 아니다. 환자에 관한 한, 의사에게 가장 중요한 것은 그가 제대로 진료를 할 수 있는지 여부다.

지금 우리의 논의는 패배감과 좌절감에 빠질 수밖에 없을 것 같은 아이들에게 어떤 확신과 지침을 제시해야 하는가의 문제와 깊은 관련이 있다. 아이들의 힘든 운명은 권리를 빼앗긴 이들의 가장 큰 비극이다. 그들은 살아있음 자체에서 오는 자연스러운 환희와 솟아나는 기쁨의 대부분을 빼앗긴다. 이러한 환경을 통해 그들은 저항할 수 없는 압박 한가운데로 던져지는데, 그런 압박은 그 무엇으로도 대비할 수 없다. 내면의 부드럽고 즐거운 것들이 수없이 꺾이고 죽임을 당하는데도 정작 그들은 자신이 무엇을 잃고 있는지 인식하지도 못한다. 그들에겐 정상이 곧 비정상이다. 청춘은 희망이 솟구치는 시기, 한 사람의 꿈이 처음 날개를 달고 세상을 살피는 새처럼 미지의 풍경을 탐험하는 시기다. 많은 경우, 나이 든 사람의 모습은 그가 젊은 시절에 꾸었던 꿈들의 증거다. 현실 인식을 기반으로 한 상상력은 건강한 인격에 기여하고 인생을 어느 정도 낭만적이고 찬란하게 만들어 주는데, 이 힘은 먼저 청춘의 거침없는 상상들로 나타난다.

그러나 권리를 빼앗긴 이들의 자녀는 무거운 삶을 살 가능성이 높다. 경험을 통해 기대를 낮추고 희망을 줄여야 한다는 것을 배운 어른들의 절망적인 충고로 아이의 꿈에는 천장이 얹힌다. 그러나 어른들이 자신의 경험과 삶 속에서 예수의 엄청난 통찰을 이해한다면, 자신의 열정을 자녀들과 공유할 수 있다. 이것은 종교적 통찰의 심연에서 솟아나는 질적으로 다른 느낌이며 전염성이 있다. 이것은 희망의 문을 여는 열쇠를 아이의 손에 쥐어 주는 일이 될 것이다. 인간은 부정적인 것뿐 아니라 긍정적인 것을 선호하는 쪽으로도 길들여질 수 있음을 결코 잊어서는 안 된다. 크고 중요한 확신을 갖게 된 부모는 자녀가 높은 것을 추구하고 위대한 것을 열망하도록 훈련시킬 것이고, 그런 훈련을 받은 자녀는 환경이 내미는 즉각적이고 집요하며 지속적인 거부의 발톱에서 벗어나게 될 것이다. 나는 그런 일이 일어나는 것을 보았다. 성장의 잠재력이 전혀 보이지 않고 불우한 이들에게 빛을 비춰 줄 어떤 것도 보이지 않는 그야말로 척박한 공동체에서 아이들이 두려움 없이 차분하게 존엄을 지키며 드높은 목표 의식을 가지고 자라는 모습을 보았다. 심지어 그들은 스스로 설정한 목표를 뛰어넘는 성취까지 보여 주었다.

이런 생각은 합리화일 뿐이라고 비난하는 이들이 있는데, 그것은 어느 정도 살 만한 사람이 함부로 내뱉어서는 안 되는 말이고 그렇게 쉽게 생각해서도 안 된다. 게토에서 살지 않아도 되는 사람이 그곳에서 살아야만 하는 사람에게 한계를 뛰어넘는 법을 말하는 것은 주제넘은 일이다. 인간이 신앙의 〔대상인〕 하나님, 생명의 〔창조주인〕 하나님의 자녀라는 인식은 그 무엇도 파괴할 수 없는, 삶에 대한 심오한 믿음을 만들어 낸다.

사람을 압도하는 역경에도 굴하지 않는 비상한 대담함만이 두려움이 설 자리가 없는 내면의 안정을 만들 수 있다. 사람은 평온함을 가져다줄 뭔가를 소유하지 않고는 평온할 수 없다. 이 평온으로 우리는 예언자적 종교의 최고 수준에 도달하며, 이것이 나사렛 예수 종교의 본질이다. 물론 하나님은 하루를 살다가 사라지는 들풀과 길가에 앉아 눈에 띄지도 않는 참새까지 돌보신다. 그분은 별들이 정해진 장소에 있도록 붙드시고 모든 생명체 안에 자신의 흔적을 남기신다. 그런 분이 나를 돌보신다! 이것을 확신하는 것이 폭력의 위협에 대한, 아니 폭력 그 자체에 대한 해답이다. 이 사실을 제대로 아는 사람은 안팎으로 정복할 수 없는 존재가 된다.

내가 아주 어렸을 때 핼리혜성이 태양계로 진입했다. 나는 오랫동안 그 하늘의 거인을 보지 못했다. 해가 지면 자야 했기 때문이다. 내 친구들은 그것을 보았고 그에 관한 너무나 놀라운 이야기를 들려주었다. 나는 '혜성 알약'이라는 것에 대해서도 들어보았다. 지시사항에 따라 복용하면 혜성의 꼬리가 지구와 충돌해도 죽지 않게 해 준다는 약이었다. 어느 날 밤, 어머니가 나를 깨우더니, 빨리 옷을 입고 뒷마당에 나가서 혜성을 보자고 말씀했다. 앞으로 영원히 산다 해도 그 순간을 잊진 못할 것이다. 어머니는 내 어깨에 손을 얹은 채 나와 함께 서 있었다. 나는 말문이 막힐 정도로 경외감을 느끼며 하늘을 가로질러 빛의 부채가 펼치는 거대한 장관을 바라보았다. 정적이 절대적인 움직임처럼 느껴졌다. 영원처럼 느껴지던 시간이 마침내 지난 후, 나는 할 말을 찾았다. 나는 숨을 죽이고 이렇게 말했다. "저 혜성이 하늘에서 떨어지면 우리는 어떻게 될까요?"

어머니의 침묵이 너무 길어져서 혜성을 보던 나는 어머니에게로 시선을 돌렸는데, 그 얼굴에서 이전에 어머니의 얼굴에서 딱 한 번 봤던 표정을 보았다. 어머니 방에 들어갔다가 기도 중이던 어머니의 얼굴에서 봤던 표정이었다. 어머니는 입을 열어 이렇게 말씀했다. "하워드, 우리에겐 아무 일도 없을 거다, 하나님이 우리를 돌보실 거야."

오 순박한 내 어머니, 그 영광스러운 순간에 어머니는 마음을 다해 인간 영혼을 최고로 긍정했다! 그날 밤 이후 나는 많은 것을 보았고, 인생이 고되고 무쇠처럼 단단하다는 것을 수없이 배웠다. 하지만 세월이 흐르면서 어머니의 빛나는 말씀에 담긴 장엄한 힘이 거듭거듭 되살아나 그 리드미컬한 노래를 내 영혼에 힘차게 들려주었다. 두려움을 극복하고 그것을 노력과 성취의 힘, 굴복하지 않는 힘으로 변화시키는 믿음과 자각이 그 안에 있다.

3

기만

기만은 약자가 강자에 맞서 자신을 보호하기 위해 구사해 온 가장 오래된 기술일 것이다. 오랜 세월에 걸친 인간의 모든 지각 활동의 단계에서 약자는 강자를 속여 살아남았다.

속임수의 기술은 유기체의 신경 반사 작용의 일부인 것 같다. 갑오징어는 공격을 받으면 먹물주머니에서 체액을 일부 방출하여 주변 물을 뿌옇게 만들고, 흐려진 물속에서 공격자를 혼란스럽게 하여 탈출한다. 새를 잡아 본 사람이라면 어미새가 날개 부러진 흉내를 내어 눈길을 끌어서 새끼의 목숨을 구하려고 하는 광경을 보았을 것이다. 어렸을 때 나는 나무 그늘에서 쉬다가 목초지에 드리운 매의 그림자를 본 적이 있다. 내 자리에서 몇 걸음 떨어진 곳에 있다가 그 그림자를 본 새들이 어떻게 행동했는지 아는가? 녀석들은 발로 마른 풀이나 나뭇잎을 잔뜩 집어서는 가볍게 앞으로 구르더니 그대로 드러누워 죽은 척했다. 매는 눈을 깜빡이더니 잘못 봤나 보다 생각하고 죽은 척할 줄 모르는 다른 새를 찾는다. 우리는 숨바꼭질을 하면서 이런 후렴구를 외치곤 했다. "꼭꼭 숨어라, 멋쟁이 오리야, 매가 왔단다." 자연선택의 결과로 다양한 동물들이 무채색이나 혼합색을 띠어 주변 환경과 비슷하게 몸의 색을 바꾸고 적을 속여 목숨을 부지할 수 있었다.

어린아이들은 기만의 기술을 잘 안다. 아이는 대등한 조건에서 부모의 의지에 대항할 수 없다는 것을 안다. 그래서 제 목적을 이루기 위해 부모가 자녀의 뜻을 자기 뜻인 양 수행하게 만들려고 온갖 종류의 단순하거나 꽤 복잡한 꾀를 낸다. 학생들도 교사가 눈치채기 전까지 그를 상대로 속임수를 즐겨 쓴다. 학생이 수업을 준비하지 않았거나 교사가 예습 범위를 넘어서는 내용을 다룰 기미가 보일 때, 교사의 편견이나 좋아하는 주제, 특정한 관심사를 건드리는, 순진함을 가장한 질문을 던진다. 일단 교사가 그 문제를 이야기하게 되면 더 이상 걱정하지 않아도 된다. 교사가 이야기를 다 끝내기도 전에 [수업을 마치는] 종소리가 울리고 모든 학생이 위기에서 벗어날 테니 말이다.

남성 지배적인 사회 질서 속에서 살아야 했던 여성들은 최근까지도 기만이라는 오래된 장치에 의존할 수밖에 없었다. 올리브 슈라이너'는 여성의 도덕적 삶을 제약하는 이러한 형태의 기만을 공격하는 데 많은 에너지를 쏟았다. 수정헌법의 평등권 조항 비준을 위한 끊임없는 시위는 대부분 남성과 여성의 관계에서 기만과 부정직이라는 도덕적 굴욕의 측면을 인식한 데서 비롯된 것이다.

이스라엘 자손이 바벨론에 유배되었을 때, 에스겔 선지자는 직접적이고 명시적인 진술로 그들을 위로하고 인도할 수 없었다. 그가 직접적인 메시지를 전했다면 오래 사역할 수 없었을 것이고, 그 결과로 백성은 큰 손실을 입었을 것이며 그들을 얽매던 굴레는 더욱 단단해졌을 것이다. 그는 순식간에 혁명가로 몰려 처형되었을 테고 일체의 종교의 자유가 축소되었을 것이다. 에스겔 선지자는 어떻게 했던가? 일종의 속임수를 구사했다. 그는 두로의 늙은 왕의 입에다 그가 한 적이 없는 느부갓네살의 대사를 집어넣었다. "나는 신이다"라고 말했던 사람은 사실 느부갓네살이었다. 선지자는 지금 우리가 '이중 화법'이라고 부르는 표현을 사용했다. 유대인들은 에스겔의 말을 알아들었지만, 바벨론의 '첩보기관'은 그가 공개적으로 국가에 반대하는 말을 하지 않았기 때문에 그를 처벌할 수 없었다.

남부 어느 도시에서 눈먼 흑인이 경찰관에게 살해당했

• Olive Schreiner, 1855~1920, 남아공 출신의 영국계 작가, 사회운동가—옮긴이.

다. 감정이 매우 고조되었다. 폭동에 대한 두려움 때문에 장례식에서 흑인들의 추도사나 설교는 일절 허용되지 않았다. 어쨌든 장례식은 열렸고 그 자리에 경찰이 대거 참석했다. 설교는 없었지만 중심이 되는 기도가 있었다. 목사는 그날의 엄격한 감시가 없었다면 사람들에게 전했을 모든 말을 기도로 하나님께 말씀드렸다. 경찰은 아무것도 할 수 없었다. 목사는 교인들에게 설교하는 것이 아니라 자신의 하나님에게 말하고 있었기 때문이다. 얼마나 비극적이고 답답한 노릇인가! 그러나 유구한 세월 동안 약자들은 바로 이 오래된 방법을 통해 살아남았다.

아주 오래된 흑인 영가가 이 기법을 매우 흥미롭게 다루고 있다. 가사의 설정은 아주 극적이다. 노예는 주인의 목사가 의인의 최종 거처인 천국을 이야기하는 것을 자주 들었다. 당연히 주인은 자신이 천국에 갈 의인이라고 생각했다. 한편, 노예도 자신이 천국에 갈 것임을 알았다. 그는 이렇게 생각했다. '천국이 두 개인가 봐. 아냐, 그럴 리가 없지. 하나님은 오직 한 분이시잖아. 하나님은 이렇게 나뉠 수 있는 분이 아니지. 알겠다! 나는 지금 지옥에 있는 거야. 죽으면 천국을 갖게 되겠지. 주인은 지금 천국을 누리고 있어. 주인이 죽으면 지옥을 만나게 될 거야.' 다음 날, 그 노예는 작렬하는 하늘 아래서 목화를 베며 동료에게 말했다.

난 신발이 있어,

너도 신발이 있지.

하나님의 자녀는 모두 신발이 있어.

천국에 가면

우린 신발을 신고

하나님의 천국에서 힘껏 소리칠 거야,

천국이다! 천국이야!

그러다 그는 주인이 사는 큰 집을 올려다보며 말했다.

천국 얘기를 하는 사람이라고

다 천국에 가는 건 아니야!

이런 사례는 기록이 남아있는 인류 역사만큼이나 오래전
부터, 그리고 전 세계 곳곳에서 얼마든지 찾을 수 있을 것
이다. 기만은 약자가 강자에 맞서 사용하는 오래되고 오
래된 방어 수단이다. 기만의 문제는 학문적인 것이 아니
라 모든 인간관계의 핵심을 관통하는 심오한 윤리적, 영적
사안이다. 정직과 진실성 및 그에 따른 결과와 이중성, 기
만 및 그에 따른 결과의 대립이라는 문제가 제기되기 때
문이다. 특정 행동 방침으로 목숨이 위태로워진다면 그 행

동 방침을 따를 필요가 없어지는 것일까? 이런 윤리적 질문이 부적절해지고 핵심을 비껴간 것이 되는 상황이 있을까? 그런 상황이 존재한다면 우리는 어디에서 선을 그어야 할까? 문자적 정직과 그 정신과 취지에 충실한 정직은 분명하게 구분이 될까? 아니면 정직하게 말한다는 것은 주로 타이밍의 문제인 것일까? 사실대로 말하는 것이 내면의 진실에 충실하지 못한 일이 될 때도 있을까? 이런 질문들 및 관련된 많은 질문은 사라지지 않을 것이다. 권리를 빼앗긴 사람들에게 이 질문들은 생존의 핵심과 관련이 있기 때문이다.

육체의 보존과 생존을 중요하게 여긴 나머지 그것을 위해 영혼을 저버리고 위증을 일삼는 사람이라면 잘못된 가치관, 적어도 불완전한 가치관의 소유자라고 말할 수 있을 것이다. 예수는 이렇게 묻는다. "사람이 무엇을 주고 자기 목숨과 바꾸겠느냐?"(막 8:37). 목숨이 붙어 있는 한, 사람은 자신의 생명을 지켜야 할 책임을 진다. 그는 삶을 이어나가야 할 필요성을 끊임없이 느끼며 살아간다. 육체적 생존과 관련된 가치 이외의 다른 가치를 위해서도 위험을 감수해야 할까? 권리를 빼앗긴 사람들은 기만의 문제와 관련하여 기본적으로 세 가지 선택지에 직면하게 된다.

첫 번째는 현재 상황에서는 자신에게 합당한 선택의 여지가 없다는 명백한 사실을 받아들이는 것이다. 그는 '권력

집단', 주류 지배 집단의 일원이 아니고 불리한 위치에 있다. 어차피 그의 말은 아무런 가치가 없다. 어떤 경쟁에서든 그는 시작하기도 전에 패배한다. 평등한 조건으로 상대와 맞설 수 없다. 약자와 강자 사이에는 평등의 기반이 존재하지 않기 때문이다. 중요한 것은 오직 승리뿐이고, 그것이 어떤 수준에서 달성 가능한 승리인지는 중요하지 않다. 공동체 의식 자체가 없는 상황이므로 서로를 대할 때 정직을 기대할 수 없다. 이런 분위기에서는 손쉽게 진실을 저버리는 일이 당연하게 여겨진다.

사실, 한쪽이 주로 상황을 통제하는 두 집단 간의 큰 투쟁에서 윤리적 문제는 학문적 수준에 그치는 경향이 있다. 우위에 있는 집단은 상대 집단이 있는 힘껏 속일 것이라고 가정하고, 상대에게 정직과 성실함을 기대하지 않는다. 그들은 자신들이 강자의 위치에서 물려받은 우위를 무력화하기 위해 약자들이 가능한 모든 방안을 동원할 것임을 알고 있다. 약자들에게서 시민적, 경제적, 정치적, 사회적 권리를 빼앗으면서도 그런 일이 일어나지 않는 것처럼 보이게 만드는 [강자들의] 기만 패턴은 계속 반복되며 경악을 불러일으킨다. 약자들이 강자들의 허를 찔러 정치적, 경제적, 사회적 권리의 일부를 확보하는 기만 패턴은 약자들을 지속적으로 타락시킨다. 두 집단이 서로 접촉하면서 나타나는 모든 책략을 거대한 침묵의 공모가 덮고 있으며, 여기에 도덕의 문제가 끼어드는 것은 허용되지 않는다.

이 선택지의 비극적인 결과는 멀리서 찾지 않아도 볼 수 있다. 우선, 이 선택지는 개인이 갖고 있는 일체의 윤리적 가치관을 파괴하는 경향이 있다. 거짓을 진실이라고 부르다 보면 그렇게 말하는 자신의 가치판단이 변질될 위험이 있다. 이것은 심리적으로 단순한 사실이다. 예수는 대단히 의미심장한 발언을 통해 사람들이 이 사실에 관심을 갖게 했다. 그의 어머니는 아들이 적들의 가혹한 판단을 면하게 해 줄 요량으로 아들이 살짝 정신이 나갔다고, 심하게 미친 것은 아니고 살짝 균형을 잃었다고 말했다. 예수를 싫어하는 사람들은 그의 정신은 온전하지만 귀신이 가득 차 있고 그가 귀신의 힘을 빌어 귀신을 쫓아내는 것이라고 말했다. 그 말을 들은 예수는 그들의 말이 이치에 맞지 않다고 했다. 그는 "집이 스스로 분쟁하면 그 집이 설 수 없"(막 3:25)다고 말했다. 예수는 자신이 귀신의 힘으로 귀신을 쫓아내는 것이 아님을 알면서도 그들이 그런 식으로 계속해서 말한다면, 용서받지 못하는 죄를 짓는 것이라고 말했다. 즉, 좋은 것을 계속 나쁘다고 말하면 사람은 결국 도덕적 분별력을 잃게 된다는 것이었다.

이것은 피할 수 없는 결과일까? 특정한 속임이 삶의 다른 부분에 영향을 미치지 않게 할 수 없을까? 불우한 이들의 기만이 그들의 영혼에 영향을 준다면 인체가 결핵균에게 하는 일을 기만에 적용해 볼 수 없을까? 인체는 결핵균을 파괴할 수 없는 듯 보인다. 그래서 자연은 결핵균의 감옥을 만들고 두꺼운 섬유증으로 벽을 만들어 결핵균의 독소가 폐에서 혈류로 빠져나가지 못하게 한다. 환자가 과로하지 않고 잘 쉬면서 식단에 주의하면 특별한 피해 없이 정상적인 활동을 할 수 있다. 기만은 이와 비슷한 생존 기술이 아닐까? 전체 인생관이나 다른 관계로 독이 퍼지지 않게 삶을 보호하는 섬유증 아닐까? 비유를 바꿔 보자면, 어떤 상황에서는 기만을 제한된 경험 영역에서 기능하는 일종의 맹점으로 간주할 수 있지 않을까? 아니다! 이런 질문들은 심각한 어려움에서 빠져나가기 위한 합리화의 시도일 뿐이다.

기만의 대가는 도덕적 분별력이 전부 손상된 기만적 존재가 되는 것이다. 습관적으로 거짓말을 하는 사람은 거짓의 존재가 되고, 자신이 거짓말을 하고 있는지 진실을 말하고 있는지 분간하기가 점점 더 어려워진다. 다시 말해, 삶의 도덕적 온도가 0으로 떨어진다. 셰익스피어는 그의 희곡 맥베스에서 인격의 이런 측면을 불후의 작품으로 구현해 냈다. 맥베스는 마녀들의 예언을 듣고 자신이 고귀한 운명을 받았다고 생각하게 된다. 이 생각을 전해 들은 그의 아내는 남편의 운명을 머리와 가슴에 새긴다. 일련의 숙청 과정을 통해 친구들은 사라지고 적들은 늘어난 끝에

맥베스는 왕이 되고 아내는 왕비가 된다. 그들은 함께 피의 바다를 이룬 스코틀랜드 전역을 헤엄쳐 다니며 다른 사람들에게서 빼앗은 목숨과 감정, 희망으로 월계관을 엮어 머리에 쓴다. 그러다 그들에게 치명적인 일이 일어나기 시작한다. 맥베스 부인은 잠결에 돌아다니고 손에 묻은 피를 씻어 내려고 헛되이 애쓴다. 하지만 피는 손에 묻은 것이 아니라 영혼에 묻은 것이었다. 맥베스는 끔찍한 환영의 희생자가 되어 이렇게 울부짖는다.

집이 떠나가라 외치더군. "더 이상 잠들지 말지어다!
맥베스는 잠을 죽였다!" 무고한 잠을.

어느 날, 맥베스의 인생에서 가장 중요한 시점에 시종이 맥베스 부인의 죽음을 전한다. 고통이 밀려온 순간에 그가 뱉어 낸 답변은 그의 가치관에 죽음이 일어났음을 드러낸다.

왕비도 언젠가는 죽어야겠지.
그 소식을 언젠가 한 번은 들어야겠지.
내일도, 그다음 날도, 또 그다음 날도, 기록된
시간의 마지막 순간까지 하루하루 더딘 걸음으로 기어가는 거지.

우리의 어제는 우리 모두가 죽어 먼지로 돌아감을
바보들에게 보여 주지.
꺼져라 꺼져, 단명하는 촛불이여.
인생은 걸어 다니는 그림자일 뿐.
무대에서 잠시 거들먹거리고 종종거리며 돌아다니지만
얼마 안 가 잊히고 마는 처량한 배우일 뿐.
떠들썩하고 분노 또한 대단하지만
바보 천치들이 지껄이는 아무 의미도 없는 이야기.[*]

인생은 바보가 들려 주는 이야기일 뿐 아무런 의미가 없
다. 기만으로 인해 모든 도덕적 구분이 사라졌기 때문이다.

두 번째 선택지는 첫 번째에서 파생될 수 있는 것이
다. 약자들은 타협에도 도덕적 수준이 다양하게 존재한다
고 가정하고 여러 가지 타협의 영역을 교묘하게 오가기로
결정할 수 있다. 이 주장에 따르면 모든 사안의 중요성이
나 결과가 동일한 것은 아니고, 개인이 통제할 수 없는 상
황으로 인한 불가피한 타협도 있을 수 있다. 우리는 사회
적 관계망에 묶여 있어서 그로부터 영향을 받지만 우리 자
신은 그 관계망에 별다른 영향을 미치지는 못하는 것이 사
실이다. 우리는 모두 사회적, 자연적 힘의 영향을 받고, 그
힘이 우리의 행동을 어느 정도 결정하지만, 우리가 개인적
으로 아무리 위대하고 의로운 뜻을 품더라도 그 뜻을 사회

* 셰익스피어, 『맥베스』, 권오숙 역, 열린책들, 137쪽─옮긴이.

적, 자연적 힘을 상대로 행사할 수는 없다.

전 세계에는 사회의 권력자들의 강요로 게토에서 살아야만 하는 수백만 명의 사람이 있다. 〔그들은 마치〕 게토와 자살 중 하나를 선택해야 할 것만 같다. 그러나 그런 결론은 성급하고 잘못된 판단일 수 있고, 앞서 우리가 다룬 두려움에서 비롯된 것일 수 있으며 비겁한 결정일 수도 있다. 이런 상황에서 많은 사람은 여러 가지 실제적인 목적을 위해 살기로 결정하고 장소와 조건의 문제에 대해서는 타협한다. 권력을 가진 사람들은 약자들이 이런 결정을 내릴 것임을 알고, 그렇게 믿는다. 그들은 모든 형태의 실질적 저항에 무자비하게 대응할 준비가 되어 있다. 실질적 저항은 현 상태를 뒤엎는 일이기 때문이다. 삶은 육체적 생존을 놓고 벌이는 암울한 머리싸움이다.

이런 식의 '타협'은 매우 특별하고 차별화된 의미를 갖는다. 여기에 비하면 의도적인 전략으로 간주할 수 있는 일반적 속임수는 비교적 긍정적으로 느껴진다. 어느 정도의 자유가 보장된 생존이 위태로운 상황에서, 타협은 생명을 유지하게 해 줄 행동으로 정의된다. 타협이 행동 패턴으로 자리 잡으면, 자유를 명백하게 침해하는 일이 숱하게 일어나도 약자는 그것을 완전히 무시한다. 숱한 모욕도 중요하지 않다고 넘겨 버린다. 아무 인정도 받지 못한 채 그대로 짓밟히게 될 경우에만 싸운다. 도덕적으로 민감한 사람의 눈에는 이 모든 것이 초라하고 모욕적으로 보인다.

생존과 관련된 이런 기만에 대한 일반적인 태도는 이것이 도덕과 무관하다고 보는 것이라 말해도 무방할 것이다. 도덕적 질문은 제기조차 되지 않는다. 그런 질문을 제기하는 것 자체가 어리석은 일이라고 여겨진다. 생존과 관련된 기만적 행동은 먹을 것을 구하는 일이나 은신처를 확보하는 일과 같은 범주에 속한다. 생존을 위한 행동이라는 일반적인 분류에 들어간다. 그렇기 때문에 주류 집단이든 권리를 빼앗긴 집단이든, 도덕적으로 호소하여 두 집단 사이의 관계를 근본적으로 변화시키는 것은 너무나 어렵다. 좋든 싫든 지금까지 우리가 살펴본 바에 따르면, 이 부분에서 단순한 도덕적 호소가 의미 있게 받아들여지는 지점은 없다. 개인의 삶의 어느 단계에서는 지금 상황에 대한 도덕적 감수성이 있었을지라도, 그것은 배신과 고통 또는 좌절로 인해 오래 전에 쪼그라든 것이다.

그렇다면 이 선택지는 피해자의 관점이 아닌 관찰자의 관점에서 논의해야 한다. 억압받는 집단의 보통 사람들은 자신의 행동에 대해 제대로 문제 삼지 않는다. 구체적으로 말하면, 종교적 원리의 적용은 그 종교가 합리적이라고 여겨지는 영역 안으로 제한된다. 그러므로 권리를 빼앗긴 이들의 정신에 대수술이 이루어져야 한다. 그 다음에야 예수 종교의 위대한 주장을 그들에게 제시할 수 있다. 드넓게 펼쳐진 영혼의 황무지가 활력을 되찾고 다시 살아나야 한다. 그 다음에야 그들에게 도덕적 권면을 할 수 있다. 권리를 빼앗긴 사람들에게 그들의 삶과 관련된 부정적 기만이 초래하는 끔찍한 결과를 보여 주려면 엄청난 기술과 힘을 발휘해야 한다. 이것을 어떻게 수행할 것인가는 우리 시대 예수의 종교가 직면한 가장 큰 도전일 것이다.

설교만으로는 충분하지 않다. 매일 생존을 위해 싸워야 하는 암울한 현실 앞에서 아무리 신성하고 강력한 말을 쏟아 낸들 무슨 소용이 있을까? 생존을 위한 투쟁을 무시하는 가치관에 근거하여 이 상황을 다루려는 시도는 그 자체로 약자의 삶을 위태롭게 한다. 생존을 위해 극한의 노력을 기울이지 않아도 되는 환경에 있어야만 비로소 육체적 생존 이외의 다른 목적을 선택할 수 있는 듯하다. 생존의 차원에서는 모든 가치가 단 한 가지 주요한 관심사에 따라 해석된다. 그것은 바로 '살해당하지 않는 것'이다. 이것이 약자의 딜레마다. 그들은 목숨을 부지하는 것 정도가 아니라 어떻게 하면 살해당하지 않을 것인지를 생각한다. **살해당하지 않는 것**이 그들의 가장 큰 목적이고, 도덕은 이 목적 안에서만 의미를 갖는다. 이 목적이 바뀌지 않는 한, 실질적인 그 무엇도 성취될 수 없다. 권력자들은 이 사실을 막연히, 어쩌면 자기도 모르는 사이에 인식하고 있을 것이다. 그래서 권리를 빼앗긴 이들의 의미 있는 사회적 참여를 막는 것이다. 권리를 빼앗긴 이들이 애국심, 즉 국가나 민족을 의식하는 틀 안에서 누리는 자유 같은 새로운 핵심 목적을 갖게 되면, **살해당하지 않겠다**는 목표는 더 크고 초월적인 목표에 흡수되기 때문이다. [그래서 힘 있는 자들은] 다른 무엇보다도, 권리를 빼앗긴 이들이 사회질서에서 어떤 이해관계도 갖지 못하게 해야 한다[고 생각한다]. 그들은 이방인이고, 멸절되지 않고 목숨을 부지하는 것만 해도 큰 혜택이라고 스스로 느끼게 만들려 한다. 이것이 나치의 심리학이다. 이런 생각은 나치의 국가 이론과 그들의 이데올로기가 히브리 민족에게 부여한 위치에서 비롯된 것이다. KKK단(Ku Klux Klan)이 흑인을 대하는 태도도 마찬가지다.

살해당하지 않는다는 목적을 인위적이고 과장되게 강조하면, 권리를 빼앗긴 이들의 집단 내에서도 그들의 목숨이 값싼 것으로 여겨지기 십상이다. 다시 말해, 지배 집단이 약자들의 목숨을 가볍게 여긴다는 사실은 약자들 사이에서도 같은 태도로 서로를 대하게 만든다.

이제 세 번째 선택지, 완전하고 철저한 진실성을 이야기해 보자. 나는 마하트마 간디가 뮤리엘 레스터˙에게 보낸 편지 한 부를 가지고 있다. 편지에는 이렇게 적혀 있다. "진실을 말하십시오. 두려움 없이, 예외 없이 그렇게 하십시오. 당신의 목적과 관련된 일을 하는 모든 사람을 만나

˙   Muriel Lester, 1883-1968, 영국의 사회개혁가, 평화주의자—옮긴이.

십시오. 당신은 하나님의 일을 하고 있으니 사람들의 멸시를 겁낼 필요가 없습니다. 그들이 당신의 요청에 귀를 기울이고 거기에 응한다면 당신은 만족할 것입니다. 만약 그들이 거절한다면, 그 거절을 당신의 힘으로 삼아야 합니다." 이 선택지를 받아들인다면 생명과 신체와 안전에 관련된 어떤 대가를 치르더라도 단순하고 단호하게 진실해야 한다. 이런 삶을 받아들이는 개인은 신속하고 즉각적인 비판과 손실을 감내해야 할 수 있다. 그러나 진실을 말하는 사람의 수가 많아지고 그 움직임이 커지면 진실이 옳다는 것을 〔세상이〕 인정하게 될 것이다. 진실을 말하는 것이 억압자와 피억압자 모두에게 영향을 미칠 수 있다는 믿음을 항상 간직해야 한다. 어느 것도 그 믿음을 대신할 수 없다.

흔들림 없는 진실성에 대한 강조는 권리를 빼앗긴 이들에게 내미는 예수의 주된 권면과 그의 가장 혁명적인 호소가 가진 힘을 동시에 가리킨다. "너희는 그저 '예' 할 것은 '예' 하고, '아니요' 할 것은 '아니요'만 하라. 그 이상의 말은 악한 것에서 비롯된 것이다"(마 5:37, 우리말성경). "눈은 눈으로, 이는 이로 갚으라 하였다는 것을 너희가 들었으나 나는 너희에게 이르노니 악을 대적하지 말라"(마 5:38-39). 이것은 무슨 뜻일까? 육체적 생존과 관련된 요소는 아무것도 아니고 중요하지도 않다는 뜻일까? 이것은 자살을 부추기는 말에 불과할까? 다음 둘 중 하나라고 봐야 할 것 같다. 예수는 우리가 감히 상상하는 것보다 한없이 더 현실적이었거나, 아니면 이 핵심 문제와 관련된 삶의 기본적 사실을 전혀 이해하지 못했거나. 예수의 생애를 분석해 보면, 그가 자신과 자신의 집단을 짓누르는 거대한 사회적 압력이라는 틀 안에서 끝까지 가르치고 살았다는 것이 분명해 보인다. 그렇다면 위의 발언들은 그가 깊은 이해를 바탕으로 말한 것이고, 그의 말이 아무리 충격적으로 들릴지라도 가볍게 무시할 수 없다고 생각하는 것이 합리적이다.

완전한 진실함을 고수하는 것은 사람과 사람 사이가 아닌, 사람과 하나님과의 관계에만 해당한다고 누군가는 주장할 수 있다. 이러한 입장은 어떤 결론으로 이어질까? 사람이 변함없이 진실하려면 그가 항상 하나님의 임재 앞에, 항상 하나님의 눈길 아래 있다는 사실을 인식해야 한다. 그리고 그의 지위가 어떠하건 간에 자신을 보시는 하나님의 눈길을 직시하기 전까지는 진정 의미 있는 삶을 살 수 없다는 것을 알아야 한다. 하나님 앞에서는 모든 사람이 말 그대로 본질이 드러난 모습으로 서게 된다. 그들을 가려 줄 어떤 가장도, 가식도, 다른 무엇도 없다. 누구도 하나님을 속일 수 없다. 그 무엇도 숨길 수 없다.

나의 모든 길과 내가 눕는 것을 살펴보셨으므로

나의 모든 행위를 익히 아시오니

여호와여 내 혀의 말을 알지 못하시는 것이

하나도 없으시니이다.

내가 주의 영을 떠나 어디로 가며

주의 앞에서 어디로 피하리이까.

내가 하늘에 올라갈지라도 거기 계시며

스올에 내 자리를 펼지라도 거기 계시니이다.

내가 혹시 말하기를 "흑암이 반드시 나를 덮고

나를 두른 빛은 밤이 되리라" 할지라도

주에게서는 흑암이 숨기지 못하며

밤이 낮과 같이 비추이나니

주에게는 흑암과 빛이 같음이니이다(시 139:3-4, 7-8, 11-12).

예수의 위대한 윤리적 명령은 시편 139편의 이런 [사상적] 유산과 종교적 신앙이 배경에 있었기에 나올 수 있었던 것 아닐까? 그런 배경은 그가 인류 역사의 절정을 다룰 때 결정적으로 드러난다. 심판자가 보좌에 앉아 있고 양은 오른쪽에, 염소는 왼쪽에 있다. 심판자가 말한다. "너희는 내가 주릴 때에 내게 먹을 것을 주지 않았고……병들어 있을 때나 감옥에 갇혀 있을 때에 찾아 주지 않았다"(마 25:42-43). 이 선언은 인류 역사의 절정을 인간 행위의 내적 의미가 드러나게 될 때로 해석하고 있다. 그런데 이 구절에 새로운 의미가 도입된다. 인간관계에서의 진실은 하나님에 대한 진실과 동등하고 같다는 것이다. 이것을 예수의 말의 의미를 여는 단서로 받아들인다면, 우리는 진실을 역설하는 예수의 강조가 절대적인 것이며, 사람 간의 관계와 사람과 하나님과의 관계는 하나라는 엄중한 사실에 이르게 된다.

〔이로써〕 위선에 치명타가 가해졌다. 권리를 빼앗긴 사람들의 주요 방어기제가 하나 제거되었다. 예수는 위선 대신에 무엇을 제시하는가? 무엇으로 위선을 대체하는가? 바로 진실이다. 그러면 진실은 강자에게 맞서는 방어기제인가? 이에 대한 대답은 '아니오'다. 진실은 그보다 더 의미심장한 일을 이루어 낸다. 권리를 빼앗긴 이들 쪽이 압도적으로 진실할 때, 지배자들은 특권의식을 잃고 그들의 입지를 견고하게 해주던 상태가 와해된 채 아무런 방어책이 없는 신세가 된다. 그들은 〔다른 이들의 인정이 아니라〕 자신들의 평가에 의지할 수밖에 없게 된다. 권력의 경험은 그것을 지탱해 주는 〔피지배층의 인정이라는〕, 자기 이외의 다른 준거점 없이는 아무 의미가 없다. 지배 아래 있는 사람들이 지배층의 우월적 지위를 암묵적 혹은 적극적으로 인정하지 않는다면 그 지위는 무너지고 만다. 피지배 집단이 지배 집단을 대할 때 드러내는 위선은 약자들이 바치는

공물이다. 그러나 〔피지배 집단의〕 위선적 태도를 찾아볼 수 없거나 그런 태도 대신에 단순한 진실과 진정성이 나타난다면, 출생이나 지위 같은 우연으로 인한 〔지배층의〕 이점은 사라지고 약자와 강자의 관계 대신에 인간과 인간 사이의 관계만 존재하게 된다. 인간은 인간일 뿐 그 이상도 이하도 아니다. 이 사실을 인식하는 순간이 인간 존엄성이 최고조에 이른 순간이다.

4

증오

증오는 권리를 빼앗긴 이들의 발자취를 시도 때도 없이 뒤쫓는 또 다른 지옥의 사냥개다. 전쟁 중에는 증오가 썩 괜찮은 것이 된다. 애국심으로 가장하기만 한다면 말이다. 지난 전쟁* 중 일본의 진주만 공격은 많은 미국인들이 유색인에 대한 온갖 반감에 빠져드는 것을 정당화하는 구실이 되었다. 평범한 사람의 눈에도 훤히 보이는 사실이었다. 시카고 잉글우드에서 택시를 타고 대학으로 가던 길에 나는 이 사실을 극적으로 체험했다. 그전까지 아무런 대화가 없었는데, 택시가 빨간 신호에 멈췄을 때 운전기사는 나를 돌아보고는 이렇게 말했다. "그놈들은 자기들이 뭐라고 생각하는 거죠? 그 노란 개새끼들은 백인들에게 그런 짓을 하

* 제2차 세계대전—옮긴이.

고도 그냥 빠져나갈 수 있다고 생각하나 봐요!"

전쟁 초기에 나는 유색인종에 대한 무례함과 노골적인 편견의 표현이 눈에 띄게 늘어나는 것을 감지했다. 특히 기차나 대중교통에서 그런 현상이 두드러지게 나타났다. 상황은 아주 단순했다. 증오가 품위 있고 존중할 만한 태도로 인정받자 공공연히 표출할 수 있게 된 것이다. 그러나 대부분의 상황에서 우리는 증오를 거침없이 드러내지 않는다. 누군가를 미워하는 것은 부끄러워해야 할 일이다. 하지만 증오가 인정을 받고 위신을 세울 기회가 된다면 얘기가 달라진다. 둘 중 하나만 가능해도, 부도덕하거나 비도덕적이라고 여겨지던 증오가 적극적인 폭력으로 표출된다.

인간의 삶에서 증오를 다루기 위한 기독교의 노력은 거의 감상적인 수준에 그쳤다. 기독교는 설교, 훈계, 상투적인 비판으로 증오를 없애려고 시도했다. 증오의 근거를 분석하고 증오에 사로잡힌 사람들의 삶에서 증오가 어떤 의미를 갖는지 평가하는 작업에는 주저했다. 이렇게 증오의 원인과 의미를 외면하는 모습은 미신의 성격마저 띠게 되었다. 평소에 증오는 금기시되는 주제다. 전쟁과 같은 특별한 사회적 위기가 발생하고 이를 해결하기 위해 공동체의 국가적 자원을 총동원해야 하는 상황에서만 증오는 거론된다. 〔평소에는〕 증오와 그 기능, 그 의미에 대한 침묵의 공모가 존재한다.

증오는 정의할 수 없다. 묘사할 수 있을 뿐이다. 만일 증오를 간단한 도식으로 만들어 그 발전 과정을 분석하고 드러낸다면, 다음과 같이 세분화할 수 있다.

우선, 증오는 대개 유대 없는 접촉에서 시작된다. 접촉은 하되 따뜻함과 공감, 진정성 있게 다가가는 일이 전혀 없는 상황이다. 물론 유대를 가장한 감상만 넘쳐날 수도 있음을 명심해야 한다. 자신에게 유리한 조건에 따라 유대를 나누다가 그 조건이 받아들여지지 않으면 유대를 거부하기 쉽다. 이런 종류의 유대는 남부에서 백인과 흑인 사이에 자주 나타난다. 흑인이 존이나 메리라고 불리고 열등한 지위라는 지극히 굴욕적인 위치를 받아들이는한, 흑백 간의 유대는 충분히 가능하다. 심지어 백인이 흑인을 위해 큰 희생을 치르기도 하고, 약자인 흑인이 백인의 지위와 권력의 혜택을 온전히 누리기도 한다. 이런 잘못된 유대의 기반은 너무나 흔하고, 이것 때문에 흑인과 백인의 접촉이 가장 많은 지역에서 진정한 유대를 보기가 가장 힘들다. 이것은 쓰라림과 증오의 길로 나아가는 확실한 첫 걸음이다.

이 개념을 보다 넓게 적용해 보면, 현대 생활의 많은 부분은 너무나 비인격적이어서 증오의 씨앗이 거침없이 자랄 기회가 항상 존재한다는 사실이 분명해진다. 진정한 유대 없이 일어나는 접촉은 증오를 만들어질 수 있는 직접적 계기가 된다.

둘째, 유대 없는 접촉은 도무지 공감할 줄 모르는 이해로 표현되는 경향이 있다. 이해 비슷한 것은 있지만, 그것은 인격을 치유하지도 강화하지도 못한다. 누군가의 사무실에 들어가서 자리에 앉기 직전, 상대방의 시선이 온통 자신에게 집중되는 순간에 갑자기 조끼 윗단추가 제대로 채워져 있는지 궁금해지는데, 차마 확인하지 못하는 경험과 비슷하다. 꿰뚫어 보듯 예리하고 냉철한 이해에는 상대의 부족한 부분을 감안하거나 정상 참작을 해서 보호해 줄 여지가 전혀 없다.

이해는 언제나 공감을 동반할 거라고 가정하는 것은 심각한 실수다. 우리는 흔히 "이해합니다"라는 표현을 친절하고 따뜻하고 관대한 의미로 사용한다. 하지만 가혹하고 차갑고 철저하며 신랄한 이해도 있다. 적에 대한 이해, 또는 남을 해칠 수 있는 상대의 힘에 대한 정확한 지식에서 비롯된 이해다. 상대방의 약점에 대한 이해도 있는데, 그것은 공격이나 방어의 무기로 사용될 수 있다. 본질적인 동류의식에서 우러나지 않는 이해에는 공감이 결여될 가능성이 높다. 물론 거기에 동정심이나 때로는 연민도 있을 수 있지만 공감은 거의 찾아볼 수 없다. 공감은 다른 사람의 입장이 되어 볼 때만 가능해진다.

공감이 없는 이해는 약자와 강자의 관계를 지배하는 특징적인 태도다. 약자는 온갖 종류의 응급처치를 받을 수 있고 보호받을 수도 있다. 강자에게 전적으로 의존하고 있음을 비굴하게 인정하기만 한다면 말이다. 남부의 백인이 "나는 흑인을 이해한다"고 말할 때, 그가 실제로 의미하는 것은 백인이 설정한 경계 안에서 흑인에 대한 지식을 가지고 있다는 것이다. 그가 이해하는 흑인은 오직 그의 머리 안에서만 존재한다.

셋째, 공감이 없는 이해는 악의를 적극적으로 드러내는 방식으로 표현되곤 한다. 몇 년 전 시카고에서 테네시주 멤피스로 가는 길이었다. 나는 어느 할머니의 맞은편 좌석에 자리를 잡았다. 그런데 내 존재를 알아차린 할머니는 승무원이 표를 끊으러 오자 내 쪽을 가리키며 말했다. "저게 이 차에서 뭐 하는 거요?"(What is **that** doing in this car?)

승무원은 재치 있는 유머를 섞어 이렇게 대답했다. "저건 표를 갖고 있어요"(**That** has a ticket).

이후 80킬로미터를 가는 동안 그 여성은 객차에 혼자 앉은 사람들과 5분, 10분, 15분 동안 이야기를 나누며 인간관계에 대한 자신의 철학과 내가 그 차 안에 있는 것을 반대하는 근거를 설명했다. 나는 객차 전체의 분위기가 일반적인 무관심에서 내 존재에 대한 적극적인 인식으로, 그리고 어느 정도는 확실한 적개심으로 바뀌는 것을 느꼈다. 악의가 전염되면서 그 바이러스를 퍼뜨리고 있었다.

넷째, 악의는 인간 안에서 극적으로 구현되면서 걸어 다니는 증오로 변한다. 이로써 증오의 전체적인 발전 과정이 완성되었다. 유대 없는 접촉이 증오를 만들어 내고 비공감적 이해로 표현된다. 비공감적 이해는 악의를 행사하는 방식으로 표현되고, 악의는 특정한 사람 안에 구현되면서 걸어 다니는 증오가 된다.

증오에 관한 일반적인 분석은 증오를 약자에 대한 강자의 태도에만 적용한다. 많은 백인이 흑인을 증오하고 있고 흑인은 피해자일 뿐이라는 인상이 널리 퍼져 있다. 이러한 가정은 매우 우스꽝스럽다. 나는 텍사스의 한 기차역에서 고속도로를 가로질러 정차해 있는 짐 크로우 열차를 탄 적이 있다. 열네 살에서 열다섯 살 정도로 보이는 흑인 소녀 두 명이 내 뒷좌석에 앉아 있었다. 그중 한 명이 창밖을 내다보며 말했다 "저 애들 좀 봐." 스케이트보드를 타고 기차 쪽으로 오는 어린 백인 소녀 둘을 두고 하는 말이었다. "저 애들이 넘어져서 뇌가 길바닥에 쏟아지면 재미있지 않을까?" 나는 그들을 바라보았다. 그 아이들은 어떤 고문을 겪었을까? 그 고문실에서 인간성의 기초가 얼마나 공격당했기에 백인들에 대한 공감이나 이해가 전혀 불가능할 지경이 되었을까? 그들 안에 있는 그 무언가는 나를 몸서리치게 만들었다.

권리를 빼앗긴 사람들의 마음과 영혼에 내재된 증오는 큰 쓰라림에서 비롯된다. 그리고 그 쓰라림은 지속적으로 억눌린 분노에 의해 만들어진다. 그런 분노가 농축되다가 증류의 과정을 거쳐 활력의 정수가 되고, 개인에게 자기실현의 급진적이고 근본적인 기반을 제공한다.

예를 들어 설명해 보겠다. 당신이 다섯 형제 중 한 명이고, 집안 형편상 부모가 네 명밖에 챙길 수 없는 상황이 생길 때마다 당신이 늘 손해 보는 한 명이라고 해보자. 신발 다섯 켤레가 필요한데 네 켤레를 살 돈밖에 없다면 신발 없이 지내야 할 사람은 바로 당신이다. 접시에 케이크 다섯 조각이 있고 두툼한 조각이 네 개, 작은 조각이 한 개라면 당신에게 작은 조각이 돌아간다. 처음에 이런 일이 일어났을 때, 당신은 모른 체하고 넘어갔다. 나머지 형제자매들도 돌아가며 같은 경험을 할 것이라고 생각했기 때문이다. 그러나 그런 일은 없었다. 어느 날 당신은 가장 가까운 형제에게 살짝 불만을 털어놓았는데, 그는 당신이 그렇게 말하는 게 부모에게 불충한 일이라고 생각했다. 어느 순간에 당신은 억울한 마음을 못 이기고 아버지에게 그것에 대해 이야기했다. 아버지는 당신을 심하게 혼냈고 당신은 다시는 그 문제를 이야기하지 않기로 결심했다. 하지만 돌아가는 상황을 계속 지켜보았다. 차별은 이어졌다.

밤이 되어 불이 꺼지고 편안한 상태로 침대에 누웠을 때, 당신은 마음속 작고 조용한 곳에 손을 뻗어 가정 안에서 자라난 증오와 분노의 뭉치를 하나씩 꺼내어 손가락으로 부드럽게 매만졌다. 어둠 속에서 당신은 혼잣말로 중얼거렸다. '내가 그 문제에 관해 이야기하지 못하게 막을 순 있지만, 그 문제로 분노하는 건 못 막아. 나를 불공평하게 대하는 가족들이 미워. 아무도 이 미움을 막을 수 없어.' 당신에게 증오는 자기 존재를 확인하는 도구가 된다. 식구들이 당신을 대하는 태도를 생각할 때 떠오르는 증오는 당신이 그들의 평가에 눌리지 않고 보란 듯이 제시할 수 있는 자존감을 갖게 해 준다.

허먼 멜빌의 『모비딕』에는 이러한 태도를 보여 주는 장면이 나온다. 독자는 틀림없이 이 이야기를 들어 본 적 있을 것이다. 주인공 에이해브는 흰고래와 조우했다가 다리 하나를 잃었다. 그는 고래를 잡기 위해 잡다한 선원들을 모아 북쪽 바다로 항해한다. 바다에 폭풍우가 몰아치던 날, 에이해브는 상아 다리를 바닥에 굳게 고정시킨 채 갑판에 섰다. 그는 폭풍을 완전히 무시하면서 난간에 기대어 서 있다. 머리카락은 흐트러지고 얼굴은 잔뜩 찌푸려진 상태다. 그는 흰 고래를 잡아야만 나을 수 있는 열병에 시달리고 있다. 그는 번개를 향해 이렇게 말하는 듯했다. "그대는 이 배를 파괴할 수 있다. 바다의 창자를 마르게 할 수 있다.

나를 태워 버릴 수 있다. 하지만 나는 재가 되는 한이 있어도 포기하지 않을 것이다."

바로 이런 태도가 권리를 빼앗긴 이들과 약자들의 마음과 영혼에서 자라난다. 그들은 세상을 바라보면서, 인간이자 시민으로서 자신들의 권리와 특권이 조직적으로 부정당하고 있음을 단번에 인식한다. 그들에게 가장 시급한 일은 환경이 그들에게 내리는 평가에 대처하는 것이다. 환경은 권력을 쥐고 위세를 떨치는 대리자들이 내린 평가 외에는 약자에게 그 어떤 평가도 인정하지 않겠다고 선언했기 때문이다. 약자들이 그 판단을 받아들이면 자기 자신에 대한 확신이 파괴되고, 그들이 잠자코 있으면 그것은 결국 환경의 판단을 승인하는 것이 된다. 멸시를 받아 스스로를 멸시하게 되는 것이다. 반대로 그들이 그 판단을 거부한다면, 증오라는 도구를 활용하여 위험을 감수하며 하나씩 단계를 밟아 주체적인 개인으로서 존재할 수 있는 근본적인 토대를 재건할 수 있을 것이다. 그리하여 그들은 환경의 판단에 굴하지 않고 절실한 필요에 따라 자신들이 존재할 권리를 선언하기에 이를 것이다.

언젠가 이사 갈 준비를 하다가 살던 집 지하실에 있던 상자에서 조용한 쥐 가족을 발견했다. 녀석들을 보자, 나는 도덕적 고민에 빠졌다. 나에겐 녀석들의 생명을 빼앗을 권리가 없다는 생각이 들었기 때문이다. 그러다 그 집에 이

사 올 가족에 대한 책임감이 떠올랐다. 나는 무거운 마음으로 딸의 작은 빗자루를 들고 녀석들을 힘껏 내리쳤다. 임박한 비극을 감지한 쥐 가족 중 하나가 몸을 일으켜 세우고는 저항의 비명을 지르며 빗자루의 타격을 맞이했다. 다가오는 파멸에도 굴하지 않는 쥐의 용맹함을 확인한 순간이었다. 증오는 권리를 빼앗긴 이들의 삶에서 이와 같은 대단한 기여를 한다. 증오는 불의〔의 경험이〕라는 원료로 새로운 차원의 자기실현을 이루어 내기 때문이다.

증오가 자기실현의 연료가 될 때 반드시 뒤따르는 부산물이 있다. 그런 자기실현으로 성격이 재구성되면서 엄청나게 역동적인 에너지가 만들어진다는 것이다. 그 잉여 에너지들은 개인의 필요와 목적에 맞게 다시 사용된다. 어떤 의미에선 개인의 성격 전체가 달라진다고 볼 수 있다. 자신의 확고한 입장을 실현하는 데 도움이 될 만한 것이라면 무엇이든 단단히 붙잡게 된다. 묘하고 새로운 주도면밀함이 마음을 사로잡고, 이점을 챙길 기회와 적을 물리칠 기회가 모두 시야에 선명하게 들어온다. 이런 변화를 보여 주는 가장 눈에 띄는 현상은 전에 없던 참을성이 생기는 것이다. 그런 참을성에 힘입어 작은 소년이 덩치 큰 소년에게 제압되어도 눈물을 흘리지 않고 아픔과 상처의 깊이를 드러내는 표정도 짓지 않는다. 소년은 스스로에게 단호하게 말한다. "죽으면 죽었지 울지 않아."

강자와 약자의 관계에서 종종 두드러지는 특징이 무도덕성이라는 것은 앞에서 이미 지적했다. 증오가 자기실현의 차원에서 작용하면 스스로가 의롭다는 환상이 만들어지기 쉽다. 쓰라림, 증오, 자기실현, 저항, 의분의 경계는 대개 아주 희미하다. 강자-약자 관계의 논리는 행동에 대한 도덕적 판단을 전부 배제한다. 정상적인 상황에서는 자책이 따라야 할 유형의 행동이라도 이러한 특수 상황에서는 반드시 필요하고 옹호할 수 있는 일로 간주될 수 있다. 강자를 이용하는 것은 받은 대로 갚아 주는 일 정도로 간주된다. 정상적인 도덕적 억제가 일어나지 않고, [강자를 이용하는 일이] 항상 허용된다. 이것은 '눈에는 눈, 이에는 이'를 요구하는 오래된 탈리오 법(lex talionis)의 한 형태이다.

따라서 증오는 개인이 도덕적 붕괴로부터 자신을 보호하기 위한 장치라고 할 수 있다. 그가 지금 다른 사람들에게 하는 일은 평소 같으면 자긍심을 잃지 않고는 할 수 없었을 일이다. 이것은 전쟁과 국가적 위기 상황에서 거의 보편적으로 적용되는 증오의 한 측면이다. 독자는 지난 전쟁 중에 미국에서 등장했던 증오에 대한 매우 흥미로운 방어 논리를 기억할 것이다. 그 논리는 이랬다. 미국의 소년들은 전반적으로 타인의 인격을 존중하는 태도와 세련되고 품위 있는 신사의 특징 등 포용력 있는 태도를 흡수한 문화와 문명에서 자랐다. 따라서 그들은 심리적으로나 정서적으로 전쟁 기계로 변모하여 거침없이 사람을 죽일 준비가 되어 있지 않다. 그들이 보다 효과적인 폭력의 도구가 되려면 성격 및 전반적인 시각이 급진적으로 달라져야 한다. 이러한 변화를 가져올 수 있는 가장 효과적인 방법은 증오를 훈련하는 것이다. 적군을 증오하면 전쟁의 승리를 위해 주어지는 임무를 수행하면서 도덕적 자긍심을 잃지 않을 수 있기 때문이다.

비유를 들자면, 이 상황은 인간이자 미국인으로서의 도덕적 가치관과 윤리적 고결함을 가리는 장막을 친 것과 같다. 그 장막 덕분에 그들은 부담 없이 다른 인간을 죽이는 일을 수행했다. 보호의 장막은 다름 아닌 훈련된 증오였다. 이 말의 의미를 잘 보여 주는 간단한 예를 들어보겠다. 화가 나지 않은 상태에서는 다른 사람에 대한 생각을 그의 면전에서 정확히 말하지 못하는 이들이 있다. 반면, 분노에 사로잡혀 보다 섬세한 가치관을 뒤덮을 때에 그들은 다른 사람의 눈을 똑바로 쳐다보며 평소 같으면 하지 못했을 말을 한다.

어렸을 때 어머니께서 가끔 누나와 나를 혼낼 때가 있었다. 누나는 매를 맞을 때 어머니의 얼굴을 똑바로 쳐다볼 뿐 감정적 반응을 전혀 보이지 않았다. 이런 태도로 인해 자신의 행동을 정당화해야 할 의무는 어머니의 몫으로 넘어갔고, 그 결과 어머니는 누나의 반응이 달랐다면 터져 나왔을 독선적 분노를 보이지 않았고 누나를 모질게 매질하지도 않았다. 내 차례가 되면 서면 가족에게 무슨 일이 일어나는지 동네 사람들이 다 알게 되었다. 그래서 어머니는 누나를 혼낼 때와는 완전히 다른 방식으로 나의 잘못을 조목조목 지적하며 나를 매질했다. 나의 태도는 어머니의 분노를 부채질했고, 어머니는 나를 매질하면서도 아무런 가책을 느끼지 않았다. 서로를 상대로 어렵고 잔인한 선택을 내려야 할 때 증오는 인간 내면에서 바로 이런 일을 한다.

이러한 방식으로 작동하는 증오가 어떻게 약자에게 도덕적 정당화의 근거가 되는지 알아보기는 어렵지 않다. 약자는 모든 형태의 불관용과 비열한 태도, 자신들을 제한하고 비하하는 법규를 접할 때마다 강자의 생명을 부정하는 태도를 정당화할 근거를 발견하게 된다. 그렇게 해서 약자는 생명을 긍정하는 동시에 부정하는 일이 가능해진다. 자신이 어떤 도덕적 책임도 느끼지 않는 상대의 생명을 부정하는 태도를 취할 때, 그는 자신의 행동에서 어떤 문제점도 찾지 못한다. 〔반면〕 자신이 도덕적 책임을 느끼는 동료들을 대할 때는 생명을 긍정하는 태도를 취한다. 그의 내면에는 그가 생명 부정의 태도에 감염되지 않도록 막아 줄 보장책이 있어야 한다. 그가 모든 관계에서 도덕적 진실성을 잃어버리는 일이 없도록 말이다. 증오가 그 보장책 역할을 하는 것 같다. 억압받는 사람들은 함께 고통받는 사람들의 생명을 열과 성을 다해 긍정하는 태도로 대할 수 있고, 그렇게 함으로써 강자의 생명을 부정하는 태도를 상쇄할 수 있다.

물론, 이 모든 논리의 이면에는 절박한 상태의 인간 정신이 의지할 수 있는 근본적 정의가 삶에 존재한다는 생각이 깔려 있다. 종교적 차원에서 보자면, 이 근본적 정의를 믿기 때문에 불타는 화형대에서 순교자가 침착한 태도를 취할 수 있는 것이다. 어떤 근원적 에너지와 힘의 소용돌이가 그를 휩쓸어 약한 인격과 그 한계를 변화시키고 그를 초인적인 존재로 만드는 것처럼 보인다.

그렇다면 약자에게는 증오가 창조적 목적에 도움이 되는 것 같다고 말할 수 있다. 인간미 없는 윤리적 기준으로 증오를 가혹하게 판단할 수도 있겠지만, 약자들이 증오가 존엄을 지키며 살아남는 복잡한 생존 기술과 불가분의 관계에 있다고 생각하는 한, 그것을 쉽게 몰아낼 수 없다. 예수는 이것을 이해했다. 이스라엘을 궁지에 몰아넣은 로마인들이 유대인들을 경멸하고 무시하는 모습을 보았을 때 예수의 머릿속에는 어떤 생각이 스쳐 지나갔을까? 갈릴리의 유다가 저항의 깃발을 쳐들고 유다의 많은 자손들이 분노의 정신이라는 폭풍에 휩쓸렸을 때는 어떤 생각을 했을까? 예수가 증오의 본질을 이해하지 못했다고 가정하는 것이 합리적일까? 주위 환경이 보여 주는 이 명백한 사실을 앞에 두고도 그는 미워하지 말라고 조언했다. 그의 말을 들어 보자. "원수를 사랑하라.……이같이 한즉 하늘에 계신 너희 아버지의 아들이 되리니 이는 하나님이 그 해를 악인과 선인에게 비추시며 비를 의로운 자와 불의한 자에게 내려주심이라"(마 5:43-45). 그는 왜 이렇게 말했을까?

우리가 지금까지 살펴본 증오의 모든 긍정적인 심리적 특성에도 불구하고, 증오는 결국 증오하는 사람의 삶의 핵심을 파괴한다. 증오가 하얗게 타오르며 지속되는 동안에는 그것의 효과가 긍정적이고 역동적으로 느껴진다. 그러나 결국 증오는 재로 변한다. 증오는 사람을 동료로부터 확실하게 고립시키기 때문이다. 증오에 빠진 사람은 가치 있는 어떤 것도 보지 못하게 된다. 자신의 가치, 동료들의 가치도 보지 못한다. 증오는 쓰디쓴 죽음의 열매를 맺는다. 맹목적이고 무차별적이다. 물론, 처음에는 구체적인 분별력을 발휘한다. 적개심과 쓰라림, 증오의 반응을 초래하는 상황을 만든 사람에게 집중한다. 그러나 일단 증오가 표출되면 가해자에게만 국한시킬 수 없다. 증오가 퍼져 나갈때는 증오의 대상을 정확히 구별하기가 어렵다. 내가 조지아주 애틀랜타에서 학부생으로 있었을 때 총장실 사환으로 일한 적이 있었다. 어느 날 총장실에 한 백인 남자가 들어왔다. 총장이 바빴기 때문에 그는 내게 말을 걸었다. 그러다가 어린 두 아들 이야기를 꺼냈다. 그가 여러 가지 이야기를 했지만 이 말이 기억에 남는다. "나는 내 아들들이 흑인을 싫어하지 않도록 키우고 있네. 내 말을 오해하진 말게. 나는 흑인을 사랑하지는 않아. 하지만 아들들이 흑인을 미워하도록 가르치면 결국 백인들도 미워하게 될 거야. 내가 그것을 알만큼의 지혜는 있거든." 증오는 한번 시작하면 통제할 수 없다.

몇 년 전 의사 친구가 나를 불러 건강검진을 받게 했다. 내 몸무게를 잰 후 그가 말했다. "체중에 신경 써야 하네. 이제 젊은 나이가 아니니 체중이 주요 장기에 부담을 줄 걸세." 그리고 이에 대해 아주 자세히 설명했다. 그의 이야기를 듣고 있는데 웃음이 나왔다. 그는 165센티미터도 안되는 키에 몸무게는 100킬로그램에 육박했다. 그 친구는 자기가 의사임을 자기 몸이 알아 줄 거라 생각했는지 모르지만, 그것은 불가능했다. 그의 몸은 단지 그가 몸이 소모할 수 있는 것보다 더 많은 에너지를 음식으로 축적하고 있다는 사실을 알 뿐이었다. 그래서 그의 몸과 내 몸은 정확히 똑같은 일을 수행했다. 에너지를 지방의 형태로 저장한 것이다.

증오도 마찬가지다. 증오는 강자가 약자에게 가하는 압박에 관해 아무것도 모른다. 국가적 위기의 때라서 다른 인간들을 증오하도록 사람들을 훈련시켜야 할 필요성 등

참작할 만한 상황 따위는 전혀 모른다. 끔찍한 진실만이 고스란히 남는다. 증오가 퍼져 나가면 결국 정신의 죽음과 윤리적, 도덕적 가치의 붕괴로 이어진다.

무엇보다 기억해야 할 것은 증오는 미워하는 사람의 삶에서 창의적 생각의 샘이 마르게 한다는 점이다. 그리하여 그의 창의력은 오롯이 환경의 부정적인 측면에 집중하게 된다. 창의력을 발휘해야 할 인간으로서의 긴급한 욕구는 사라진다. 그의 지평은 증오의 강렬함에 완전히 지배되고, 그의 마음과 정신에는 위대한 생각과 위대한 개념을 위한 창의적인 부분이 전혀 남지 않을 수 있다. 그는 치우친 사람이 된다. 차라투스트라의 표현을 빌리면, "거꾸로 된 불구자"가 된다.

예수는 증오를 거부했다. 활력이나 힘이 부족해서가 아니었다. 동기가 부족해서도 아니었다. 그가 증오를 거부한 이유는 그것이 정신의 죽음, 영의 죽음, 아버지와의 교제의 죽음을 의미한다고 보았기 때문이다. 예수는 생명을 긍정했는데, 증오는 생명에 대한 거대한 부정이었다. 그에게 아래의 내용은 아주 분명한 사실이었다.

그대 분열해서는 안 되리.
그대의 마음과 목숨과 힘과 뜻은 언제나
길을 찾아야 하리. 그 끝에서

· "한 가지만 지나치게 많이 가지고 있으며 그 밖의 것들은 하나도 갖고 있지 않은 인간들—하나의 커다란 눈, 하나의 커다란 입, 하나의 커다란 배 혹은 하나의 커다란 그 무엇에 불과한 인간들— 나는 그들을 거꾸로 된 불구자라고 부른다."—옮긴이.

모든 사람의 필요가 채워질 길을.

이것이 주님의 고속도로라네.*

* Howard Thurman, *The Greatest of These*, p. 9.

5

사랑

예수의 종교는 그 중심에 사랑의 윤리가 있다. 이것은 평범한 성취가 아니다. 예수는 이스라엘이 시대를 초월하여 간직한 다음 두 말씀에 담긴 사랑에 관한 단순한 가르침에서 출발한 것이 분명해 보인다. "이스라엘아, 들으라. 우리 하나님 여호와는 오직 유일한 여호와이시니 너는 마음을 다하고 뜻을 다하고 힘을 다하여 네 하나님 여호와를 사랑하라"(신 6:4-5). "네 이웃을 네 자신 같이 사랑하라"(레 19:18). 이웃을 정의하면 도덕적 의무가 명확해진다. 한 인상적인 이야기에서 예수는 선한 사마리아인에 관해 들려주는 방식으로 이웃을 정의했다. 그는 한 사람이 계급, 인종, 조건의 장벽을 넘어 인간의 필요에 직접 반응할 때 어떤 일이 일어나는지를 창의적으로 강력하게 묘사했다. 모든 사람은 잠재적으로 다른 모든 사람의 이웃이다. 이웃의 본질은 물리적 거리에 관한 것이 아니라 질적인 것이다. 사람은 이웃과의 사이에 어떤 장벽도 허용하지 말고 이웃을 똑바로 분명하게 사랑해야 한다.

이것은 예수가 자신의 공동체 안에서 취하기 쉬운 입장이 아니었다. 그의 가르침에 대한 반대는 날이 갈수록 커졌다. 그의 내면은 항상 두 가지 요구를 강하게 느꼈다. 그가 하나님의 진리를 왜곡하는 사람이라고 여기고 원수처럼 대하는 이스라엘 사람들을 사랑해야 한다는 요구와, 이스라엘 바깥에 있는 사람들 곧 사마리아인과 심지어 로마인들까지 사랑해야 한다는 요구였다.

첫 번째 요구는, 예수가 자신을 이스라엘 바깥에 있는 사람으로 생각하지 않았다는 점에서 분명하게 모습을 드러냈다. 만약 그가 자신을 새로운 종교, 새로운 신앙을 개척하는 사람으로만 여겼다면 그에 대한 격렬한 반대를 설명하기가 어렵지 않았을 것이다. 유대교 신앙의 수호자들이 그가 고의적으로 유대교의 근거를 파괴하려 한다는 이유를 들어 반대하는 것은 정당한 일이었을 것이다. 그러나 내가 보기에 예수는 자신이 하나님의 뜻에 전적으로 헌신하여 이스라엘의 진정한 근본 신앙을 구현할 창조적 수단의 역할을 할 뿐이라고 생각했고, 그것이 사실이라면 이스라엘 사람들을 사랑하기 위해 자신의 자존심을 극복해야 했다. 그는 사람들의 태도가 하나님의 목적을 가장 지독하게 배신한 처사라고 보았던 것 같다. 서로를 향한 비난의 내용이 똑같다는 것이 흥미롭다.

두 번째 요구는, 예수가 사랑의 윤리를 실제로 적용하는 과정에서 사마리아인들을 상대해야 했다는 맥락에서 제기된 것으로 볼 수 있다. 이 어려운 문제에 대한 그의 해결책은 선한 사마리아인의 이야기에서 찾을 수 있다. 예수와 수로보니게 여인의 대화가 담긴 기록에서도 큰 통찰을 얻을 수 있다.

예수가 하나님의 복음을 해석하는 방식에 대한 반대가 심해지자 예수와 제자들은 사역 활동에서 물러나 두로와 시돈 주변에 머무르며 잠시 여유를 갖고 있었다. 한 여인이 예수가 조용히 지내던 곳으로 찾아와 자기 아이를 도와달라고 절박하게 요청했다. 예수는 그녀에게 말했다. "자녀의 떡을 취하여 개들에게 던짐이 마땅하지 아니하니라"(마 15:26). 이것은 최종 답변이라기보다는 상대의 속을 살피는 탐색이었다. 예수의 마음속에는 그동안 겪었던 깊은 좌절감이 고스란히 담겨 있었고, 대대로 이어져 온 종교적 배타주의가 번뜩 스쳐갔다. '다른 종족의 여자가 무슨 권리로 내게 이런 주장을 하는 거지? 여기에 어떤 조롱이 담겨 있는 거지? 동족에게 오해를 받는 것만으로는 충분히 굴욕

적이지 않은 건가? 그리고 이 여자는 본질상 자기 몫으로 주장할 수 없는 것을 감히 요구하고 있어.'

여자의 목소리가 예수의 머릿속에서 솟구치던 이런 격렬한 생각에 번개처럼 치고 들어왔다. "주여, 옳소이다마는 상 아래 개들도 아이들이 먹던 부스러기를 먹나이다"(마 15:27).

"가거라. 평안히 가거라. 여자여, 네 믿음이 너를 구원하였도다."

그러나 이것이 전부가 아니었다. 예수는 사랑의 윤리를 원수에게, 곧 지배자인 로마인에게도 적용해야 했다. 그것은 가장 어려운 과제였다. 원수를 건드리는 것은 재앙을 자초하는 일이었기 때문이다. 로마인을 향한 미움이 어떤 식으로든 행동으로 이어진다면 그들의 진노를 자초하게 될 것이었다. 로마인을 사랑한다는 것은 예수의 동족에 대한, 이스라엘에 대한, 그러므로 하나님에 대한 반역으로 간주할 만한 일이었다. 이 책의 첫 장에서 제시했듯이, 예수는 로마와 유대 공동체의 관계라는 모루 위에 원수 사랑의 핵심 내용을 올려놓고 망치질을 하듯 벼려 냈다.

'원수'는 간단히 세 부류로 나눌 수 있다. 먼저 개인적인 원수가 있는데, 어떤 의미에서 그는 일차 집단 생활의 일부다. 이 사람과의 관계는 다소 친밀하고 개인적인 유대에 기반을 두고 있으며, 이 유대에 갈등이 발생하여 문제가 생긴다. 이러한 갈등은 오해에서 비롯되거나, 홧김에 모진 말을 내뱉고 나서 자존심 때문에 화해하지 못하는 경우에 생길 수 있다. 갈등의 원인이 오래된 가족 간의 불화인 경우도 있는데, 불화의 당사자가 아닌 사람들이 피해를 입기도 한다. 또 악의적인 험담의 결과로 관계가 어긋날 수 있다. 요점은 한때 자신의 삶에서 중요한 일부였고 친밀하다고 할 만큼 가까운 사람이 원수가 된 경우라는 것이다.

이런 사람을 사랑하려면 화해가 필요하고 관계 회복의 의지가 있어야 한다. 잘못을 고백하고 예전의 위치를 회복하려는 노력도 여기에 포함된다. 예수는 바로 이것을 염두에 두고 다음과 같이 말한 것이 분명하다. "그러므로 예물을 제단에 드리려다가 거기서 네 형제에게 원망 들을 만한 일이 있는 것이 생각나거든 예물을 제단 앞에 두고 먼저 가서 형제와 화목하고 그 후에 와서 예물을 드리라"(마 5:23-24).

권리를 빼앗긴 자들로서는 이런 종류의 원수를 상대하기가 가장 쉽다. 그들은 자신이 속한 세계의 균열을 해결하라는 예수의 주장을 기꺼이 받아들인다. 여기서는 그들이 중심이 되고, 구체적 중요성을 가지며, 그들의 의지가 결정적이다. 예수가 제자들에게 전한 설교와 종교적 가르침을 분석해 보면, '원수'라는 용어를 흔히 이런 제한적 의미로 사용했음을 발견하게 된다. 흑인이 사랑의 가르침을 받아들일 때는 이 좁은 해석을 가장 우선시한다. 나도 이 해석을 듣고 자랐다. 감히 장담하건대, 내가 자란 작은 마을의 백인 교회에서도 젊은이들이 사랑의 대상을 백인에게만 적용하는 편협한 해석을 배웠을 것이다. 자신에게 뭔가를 요구할 당연한 권리를 가진 사람들을 사랑해야 하고, 그런 권리가 없는 사람에게는 아무런 책임이 없다고 배웠을 것이다.

두 번째 부류의 원수는, 상대 집단이 수치심과 모욕감 없이 살기 어렵게 만드는 사람들로 구성된다. 예민한 이스라엘 자손에게는 세리들이 그 부류였을 거라고 별다른 상상력 없이도 추측할 수 있다. 세리들이 로마 권력의 앞잡이가 되어 이스라엘에게서 징수한 세금은 이방인 통치자의 지배를 유지하는 데 도움이 되었다. 그들은 백성의 심리를 잘 이해하고 있었기 때문에 이스라엘 사람을 잘 모르는 이들에겐 불가능한 영적 무자비함을 언제든 발휘할 수 있었다. 내부에서 적에게 문을 열어 준 그들은 멸시와 따돌림을 당했다. 세리들은 나머지 백성들과 달리 대체로 부유했기 때문에 백성들은 그들이 건재한 상황을 더욱 참기 어려웠다. 그런 사람들을 사랑하라는 요구는 최악의 모욕이었다. 어떻게 그런 요구를 할 수 있을까? 제대로 된 이스라엘 사람은 그런 작자들과 아예 어울리지도 않았다. 그들과 함께 있는 모습이 발각되기라도 하면 공동체에서 지위와 존경을 완전히 잃게 될 지경에 처했다. 세리에게는 영혼이 없었다. 영혼을 이미 잃은 지 오래였다. 예수가 세리들의 친구가 되고 그들 중 한 명을 가까운 제자로 삼은 일은 1900여(이 책의 초판은 1949년에 나왔다—옮긴이) 년이 지난 지금도 합리적 설명이 어려울 만큼 어마어마한 영적 승리였다.

이 두 번째 원수를 사랑해야 하는 근거는 그 또한 아브라함의 자손이라는 사실에 있었다. 그는 비록 부족하나마 그들 중 하나였다. 여기에는 결코 외면할 수 없는 소위 '혈통의 호소'가 있다. 하나님은 자신이 한 분이신 것처럼 이스라엘도 한 민족이 되기를 요구하셨다.

모든 불우한 이들은 이런 부류의 원수를 상대해야 한다. 약자 집단에는 자신의 특별한 지식을 지배 집단의 속박의 사슬을 더욱 조이는 데 활용하도록 기꺼이 내어 주는 사람들이 늘 있다. 〔그 대가로〕 그들은 높은 자리와 명성을 얻고, 무엇보다 경제적 안정과 지위를 보장받는다. 그런 사람들을 사랑하려면 인간의 정신에서 자라는 가장 무서운 맹독인 배신의 쓰라림을 뿌리 뽑아야 한다. 그리고 그들이 어떻게 배신자가 되었는지에 대해 어느 정도 이해가 있어야 한다. 그들은 너무 나약해서 힘을 기르려면 동류들의 비참함을 먹이로 삼아야 했던 것일까? 권력을 원하지만 집단 내에서 정정당당하게 중요한 자리를 차지할 경쟁력이 자신에게 없음을 인식하고 간계를 꾸며서 그것을 얻으려는 이상한 내적 충동에 휘둘렸기 때문일까? 출생 환경을 원망하다가 자신이 손을 대는 모든 것, 힘이 닿는 모든 것을 더럽히고 부정하게 만드는 식으로 삶의 난관에 저항하려 한 것일까?

간단하거나 단일한 답은 없다. 모든 게토, 어느 시대나 권리를 빼앗긴 이들의 모든 거주지에 이러한 사람들이 있었다. 그들을 사랑한다는 것은 그들의 인격을 향한 모종의 깊은 존중과 경외심을 갖는다는 뜻이다. 그러나 그들을 사랑하는 것이 그들의 삶의 방식을 용인한다는 뜻은 아니다.

예수는 그들을 구제하여 공동의 대의에 참여하게 만드는 유일한 방법이 여론과 평판에 대한 그들의 두터운 저항을 뚫고 들어가, 단순하고 핵심적인 사실을 깨닫게 하는 것임을 보여 주었다. 이 사람이 세리일 뿐 아니라 하나님의 아들이라는 사실 말이다. 그가 스스로 이 사실을 인식하도록 일깨우면 그는 자신의 배신을 본인만 가능한 방식, 곧 내면에서부터 극복하게 될 것이다. 예수는 이 투쟁과 승리를 경험했기에 이렇게 말한다. "너희의 원수를 사랑하여라. 너희를 미워하는 사람들에게 잘해주[어라]"(눅 6:27, 새번역). 그리고 세리 마태를 불러 자신을 따르게 했다.

세 번째 부류에 속하는 원수의 전형적 사례는 로마였다. 여기에는 개인적인 요소와 비개인적 요소, 종교적 요소와 정치적 요소가 다 작용하고 있었다. 로마를 도덕적 원수로 다루려면 로마제국과의 관계를 영적인 문제로 인식해야 했다. 거기다 황제숭배의 발달로 로마와의 관계는 더욱 위태로운 것이 되었다. 그러나 로마는 무엇보다 정치적 원수였다. 로마인을 사랑하려면 먼저 그들을 일반적인 원수의 범주 바깥에서 바라볼 수 있어야 했다. 그러기 위해서는 로마인이 한 인간으로 드러나야 했다.

표면적으로는 이 일이 그렇게 어렵지 않을 것이었다. 기본 요건은 특정한 로마인이 유대인과 일차적으로 대면하는 완전한 평등 관계에 있어야 한다는 것이었다. 로마인과 유대인이 로마인도 유대인도 아닌, 개별적이긴 하지만 서로를 인정하는 두 인간의 정신으로 만나는 순간이 있어야 했다. 이런 경험은 로마인이든 유대인이든 자신의 사회적 범주 안에서만 활동하게 되면 대부분 불가능할 것이다. 로마라는 국가와 그 권력의 배경을 생각할 때 유대인이 바라본 로마인은 지배 집단의 오만함과 권력을 모두 부여받은 존재였다. 어떤 로마인이 자신을 그저 한 개인으로서만 봐주길 원하거나 자신이 태어나면서 얽히게 된 모든 부끄러운 것들과 분리되고 싶어 한다고 해도, 그가 로마인이라는 사실은 변함이 없었다. 그는 로마인이었고, 로마인으로서의 책임을 오롯이 짊어져야 했다. 그가 유대인과 공동의 대의를 이루려고 해도 끊임없이 의심받았고, 상대 유대인이 비밀을 털어놓을 만큼 온전한 신뢰를 얻진 못했다.

물론 유대인 역시 같은 한계를 안고 있었다. 그가 한 인격체로 모습을 드러내는 일은 거의 불가능했다. 그가 로마인과 다르다는 사실, 그가 처한 불리한 지위가 배경에 늘 버티고 있었기 때문이다. 유대인이 로마인을 직접적으로 알고자 하면 원수와 결탁한다는 동포의 비난을 받을 위험을 감수해야 했다. 그런 상황에서도 로마인과의 관계를 이어가려 하면 얼마 지나지 않아 그 또한 원수로 간주되고 그 대가를 치르게 될 것이 분명했다. 그가 자신의 동기를 설명하고, 파격적인 행동을 할 수밖에 없는 윤리적, 영적 절박감을 설명하면 할수록 그는 더욱 위선적인 사람으로 보일 것이다.

일단 동포들 사이에서 고립되고 나면 의심과 두려움, 혼란에 휩싸이게 된다. "하나님의 뜻을 잘못 읽었으면 어떡하지? 내가 이런 식으로 행동하는 이유는 혹시 미워할 용기가 없어서가 아닐까? 내가 조금씩 사랑하게 된 사람들이 돌변하여 나를 경멸하고 우습게 여기면 어떡하지? 그러면 어떻게 될까? 그것은 하나님이 나를 저버리셨다는 뜻일까? 결국 윤리적 노력은 궁극적 한계가 있다는 뜻일까? 사랑의 이상은 너무 절대적이어서 인간의 삶처럼 연약하고 제한된 것을 망가뜨리고 말기에 그것은 선이 아니라 오히려 악인 것일까? '나의 하나님, 나의 하나님, 어찌하여 나를 버리셨나이까'"(마 27:46).

원수를 사랑하려면 원수라는 지위를 가장 먼저 근본적으로 깨뜨려야 한다. 어떻게 그럴 수 있을까? 그가 원수 집단에 속한다는 사실을 그냥 무시하면 될까? 그렇지 않다. 딱 들어맞는 용어가 없으니, 〔상대를〕 '해독하는' 과정이 필요하다고 말해 보자. 일차적 접촉이 늘어날 수 있는 상황이 조성되어야 한다. 여기서 일차적 접촉이란, 지위나 사회적 구별로 결정되는 접촉을 의미하는 게 아니다. 약자와 강자, 특권층과 불우한 이들 사이에는 언제나 일차적 접촉이 있지만 그것은 대체로 개인의 지위를 건드리지 않는 합의된 영역 안에서 이루어진다. 백인과 흑인 사이에도 큰 친밀감이 있다. 하지만 그것은 흔히 섬기는 자와 섬김을 받는 자, 고용주와 피고용인 사이의 친밀함이다. 각자의 지위가 고착 또는 고정되면 둘 사이의 접촉은 원수들 간의 휴전, 경제적 안정을 위한 일종의 정전(停戰)에 불과한 것이 된다. 때로는 지위가 공식적으로 유지된 상태에서도 위대하고 신뢰할 만한 일이 일어나고 기적이 나타나기도 하는 것이 사실이다. 그러나 그런 순간이라도 지위를 넘어선 것일 뿐, 지위가 무너진 것은 아니다. 지위를 넘어서는 일이 충분한 시간 동안 지속되면 영구적인 관계가 나타난다. 그러나 매우 비극적인 의미에서, 그 관계의 궁극적 운명은 더 넓은 사회적 상황에 좌우된다.

따라서 특권층과 불우한 계층이 정상적인 유대를 경험할 수 있도록 공동의 환경을 조성하는 노력이 필요하다. 이것이 바로 격리가 완전한 윤리적, 도덕적 악이라고 말하는 매우 중요한 이유다. 격리가 양쪽 사람들에게 어떤 영향을 미치든, 한 가지만은 분명하다. 둘 사이의 모든 정상적 접촉을 오염시킨다는 것이다. 사랑으로 가는 첫걸음은 서로의 가치와 소중함을 인식하는 것이다. 서로의 가치와 소중함은 진공 상태, 일련의 인위적 관계, 가상의 관계에서는 발견할 수 없다. 실제 상황 안에 자연스럽고 자유롭게 있어야 한다.

함께 하나님을 예배하는 일이 바로 그런 경험이다. 이와 관련하여 미국의 기독교는 예수의 종교를 구제불능일 정도로 배신했다. 불우한 이들, 약자들, 가난한 사람들이 자기들끼리 있는 것을 더 좋아한다는 논리를 내세워 그들을 위한 교회들을 따로 만들었다. 같은 논리로 중국인, 일본인, 한국인, 멕시코인, 필리핀인, 이탈리아인, 흑인을 위한 교회가 각각 세워졌다. 그 결과, 정상적이고 자유로운 접촉이 가장 자연스럽게 이루어질 수 있었을 곳, 개인과 하나님의 관계가 계급, 인종, 권력, 지위, 부 같은 조건들보다 우선시되어야 하는 한 곳, 바로 그곳이 장벽을 보장하는 주요 수단으로 전락했다.

다음 글은 최근 출간된 프랭크 로셔(Frank S. Loescher)

의 저서 『개신교 교회와 흑인』(*The Protestant Church and the Negro*)에서 인용한 것이다.

개신교 흑인 인구는 약 800만 명이다. 그중 약 750만 명은 별도의 흑인 교단에 속해 있다. 따라서 지역 교회부터 지방 조직을 거쳐 전국 총회에 이르기까지 흑인의 93퍼센트 이상이 다른 인종의 기독교인들과 함께 사역을 하거나 예배하는 일이 없다. 일부 지도자들이 참여하는 초교파 조직 정도가 예외에 속한다. 나머지 약 6퍼센트에 해당하는 50만 명의 흑인 개신교인은 백인이 주류인 교단에 속해 있고, 6개 교단의 조사에 따르면 그중 적어도 99퍼센트는 인종별로 분리된 교회에 속해 있다. 이들은 전국 총회에서만 백인 교단 형제들과 어울리고, 일부 교단에서는 광역이나 주 단위 또는 좀 더 국지적인 권역 회의에서만 어울린다. '백인' 지역 교회에는 소수의 흑인 교인들이 남아 있다. 그 수가 얼마나 될까? 미국 전체 흑인 개신교 신자의 0.1퍼센트, 즉 8천 명이라고 하면 너무 많이 잡은 것일 가능성이 높다. 실제 인원이 얼마나 되건, 개신교 기독교의 후원 아래 함께 모여 예배를 드리는 백인과 흑인의 수는 미미한 수준이다. 그리고 인종 간 예배가 이루어지는 교회는 흑인 가정이 소수에 불과한 지역에 몰려 있고, 따라서 '백인' 교회에서는 소수의 흑인밖에 볼 수 없다.

이것이 전반적인 상황이며, 이 상황에서 개신교 교회는 미국 흑인이 미국인의 삶에 통합되는 데 있어 역동적인 역할을 감당하는 기관이 아니다. 흑인 교인의 수는 '백인' 지역 교회에서도 1퍼센트에 못 미치고, 그런 교회들이 있는 소규모 지역 사회에서 역시 흑인 주민은 소수에 불과하여 이미 지역 내 다른 기관들로부터 상당한 정도의 인종 통합을 경험했다. 그렇게 흑인의 수가 턱없이 적은 곳에서 흑인 교회를 따로 설립하는 것 역시 여의치 않을 것이다. 흑인이 예배에 자유롭게 참여하거나 교회 안에 완전히 통합되었다고 보고하는 백인 교회의 비율은 아주 낮다.

이와 같은 패턴을 일본계, 중국계, 인도계, 멕시코계, 푸에르토리코계 등 다른 소수 유색인종의 경우에서도 볼 수 있다. 한 대형 교단의 국내 선교 사역 책임자는 멕시코인과 푸에르토리코인을 두고 자신의 경험을 바탕으로 이렇게 말한다. "우리 교단에는 그들에 대한 차별이 설령 있다고 해도 그리 크지 않습니다. 다만 멕시코인 인구가 많은 지역 사회에는 멕시코인만의 교회가 있는 것이 사실입니다."·

이 죄의 심각성을 파악하는 것조차 쉽지 않다. 상황이 너무

·   Pp. 76-78.

나 비극적이어서 겉보기에만 그럴 듯하게 구분된 우리 사회의 각종 분야에 있는 선의의 사람들은 종교보다는 차라리 세속적 관계에서 더 많은 희망의 근거를 찾을 정도다.

예수의 종교는 권리를 빼앗긴 사람들에게 말한다. "원수를 사랑하라. 서로 자존감과 가치를 공유하는 경험을 앞장서서 추구하라. 위험이 따를 수도 있지만 반드시 그렇게 해야 한다." 흑인이 이 말을 따르려면 백인 개개인을 보편적 인간성이라는 맥락 안에서 바라봐야 한다. 특정 개인이 백인이라는 이유로 그를 무작정 인종적 원수로 여길 수 있다는 사실을 직시해야 한다. 그리고 그를 '백인의 필연성'에서 벗어난 존재로 볼 기회를 제공하고 찾아내고 만들어내야 한다. 그렇게 되면 그 시점부터 그와의 관계는 다른 여느 일차적 관계와 같아진다.

일단 (특권층의 일원이라는 이유로 주어지는) 원수의 지위를 깨뜨려 한 개인으로서의 상대의 모습이 드러나면, 불우한 사람 역시 스스로의 (상대의 계층적 원수라는) 지위에서 벗어나야 한다. 누군가는 그가 먼저 해방감을 맛봐야 한다고 주장할 수도 있다. 이 문제는 (상대를 한 개인으로 보기 위한) 행동에 앞장서는 사람이 결정할 수 있다고 나는 생각한다. 그러나 어느 쪽을 선택하든 사랑은 해방된 두 영혼 사이에서만 가능하다. 장벽을 제거해 본 경험에서 얻은 교훈은 원수를 사랑하기 위한 전반적인 기법을 구축하는 데

유용할 수 있다. 우리는 지금 모종의 희망적 사고나 단순한 바람이 아닌, 규율, 방법, 기법을 다루고 있고, 이 사실은 아무리 강조해도 지나치지 않다.

특권층도 사람이고 불우한 계층도 사람이라는 사실, 흑인도 사람이고 백인도 사람이라는 사실을 서로가 발견하면, 그 사실을 모든 이들에게 적용하려는 자연스러운 갈망이 생기고 그것을 실행할 기법을 고민하게 된다. 불우한 사람은 한 개인을 알아가는 방식으로 많은 사람을 알 수 없는 반면, 많은 사람과 끊임없이 접촉하며 갈등을 심화시킨다. 당장 적용하여 가장 가벼운 관계에서도 변화를 일으킬 수 있는 기법이 있을까? 그것은 인격을 존중하는 태도에서 찾을 수 있을 것이다.

이런 태도의 중요성을 논의하기에 앞서 중요한 주의사항을 당부하고 싶다. 대부분의 경우 사람들은 약자와 강자의 관계를 기본적으로 도덕과 무관하게 여기거나 쉽게 '예외'로 취급하는 경향이 있다. 특정 개인에 대해 "그는 다르다", "그는 예외적이다"라고 말하며 일반적인 규칙이나 태도는 소용이 없을 거라고 암시하기 쉽다.

이런 경향은 다른 방식으로도 나타난다. 사람들은 한 집단 전체를 예외로 간주할 수 있고, 그렇게 되면 그들을 인간으로 여길 필요를 느끼지 못하게 된다. 흑인은 이렇게 말할 수 있다. 어떤 사람이 "백인이라면 고민해 볼 필요도 없이 나를 이성적인 인간으로 대할 능력이 없는 자로 분류할 수 있어." 백인 역시 흑인에 대해 똑같이 말할 수 있다. 이런 식으로 예외로 모는 경향은 여러 다른 범주에서도 나타난다. 공화당원도 사회당원에 대해 같은 말을 할 수 있다. 이러한 태도의 치명적 결과는 아주 분명하다. 같은 원칙에 따라 희생양이 정해지고, 우리는 그 양의 무력한 머리 위에 자신의 실패와 두려움을 쏟아 붓는 것이다.

인격 존중의 태도는 우리와 관련된 모든 개인이 윤리적 영역이라고 부를 만한 범주 안에 있다는 것을 전제로 한다. 불우한 사람은 특권층의 사람도 필수적인 윤리적 배려의 대상이라고 간주해야 한다. 특권층이든 불우한 계층이든 그 영역을 벗어난다면, 그의 인격을 존중해야 한다는 주장에 타당성이 없어진다.

이제 우리는 예수가 어떻게 상대의 인격을 존중하는 태도를 가졌는지를 물어보아야 한다. 예수는 이 태도를 어떻게 설명했는가? 어느 날 한 로마인 장교가 자신이 아끼던 종을 위해 예수에게 도움을 청했다. 로마 시민이 유대인 교사의 도움을 청한 것이다! 그의 고뇌와 고통은 깊었고, 다른 모든 도움은 그의 기대에 어긋났다.

이 사건에서는 로마인과 유대인의 단절된 관계가 만들어 낸 로마인의 태도를 전혀 찾아볼 수 없다. 그가 예수를 찾아왔다는 사실 자체가 자신이 예수보다 우월하다고 여기게 만들었을 종족과 지위라는 교만을 내려놓았다는 증거였다. 그는 자신에게 필요한 것을 예수 앞에서 직접적이고 단순하게 말했다. "주여, 내 하인이 중풍병으로 집에 누워 몹시 괴로워하나이다"(마 8:6). 그의 말은 이런 의미를 함축하고 있었다. "나의 믿음이 말하고 부르짖습니다. 나는 모든 허세와 엉터리 자존심을 벗어던졌습니다. 인간 대 인간으로서 당신에게 호소합니다." 로마인 장교의 믿음과 겸손이 얼마나 컸던지, 예수가 그의 집에 가겠다고 말하자 그는 이렇게 대답했다. "주여, 내 집에 들어오심을 나는 감당하지 못하겠사오니 다만 말씀으로만 하옵소서. 그러면 내 하인이 낫겠사옵나이다"(마 8:8).

예수는 온 이스라엘에서 그런 믿음을 본 적이 없다고 증언했다. 그 로마인은 결코 물러설 수 없는 절박한 상황이 닥치자 로마인으로, 심지어 로마군 대장으로도 머물러 있을 수 없었다. 그는 다른 모든 인류와 함께 나란히 서서 소망을 구하는 모든 시대의 절박한 사람들처럼 자신의 바람을 아뢰어야 했다. 이 일이 일어나자, 그는 예수와 함께 드높은 이해와 친교, 사랑의 자리에 단번에 오를 수 있었다. 강자와 약자, 결정적으로 통치자와 피통치자 사이의 장벽이 사라졌다.

특권층과 불우한 계층의 가벼운 관계에서 이토록 극적인 일이 일어나는 경우는 많지 않을 수 있다. 당연하다. 보통의 불우한 사람들은 나사렛 예수가 아니다. 하지만 필요가 드러나는 곳에 있는 모든 사람이 계급과 인종의 구분을 부질없게 만드는 보편성을 경험한다는 사실은 변함이 없다. 오리건주 밴포트에서 발생한 대홍수로 수천 명이 집을 잃었을 때, 그 이전까지 '백인 우월주의'를 확신하던 포틀랜드의 많은 주민들이 흑인, 멕시코인, 일본인에게 집을 개방했다. 그로 인해 그들 모두가 보편성을 경험했다. 그들은 더 이상 백인, 흑인, 황인이 아니었다. 비인간적인 자연의 작용 앞에 선 인간이었다. 자연재해의 압박 아래 그들은 가족이 되었고, 가장 심오한 유대, 이해, 사랑을 즉각적으로 경험할 기회를 얻었다.

지난 전쟁의 많은 경험을 통해 사람들은 〔인간의 보편성이라는〕 이 중요한 사실을 발견했다. 군대는 현대 국가가 자부하는 것들 중 하나이기 때문에, 국가가 그런 군대를 인종 격리 제도의 영속화를 위한 도구로 이용하는 것은 어리석은 일이다. 〔군대에서는〕 시민들, 이 경우엔 군인들이 인간의 보편성을 경험할 수 있는 순간이 그야말로 엄청나게 늘어난다. 전쟁과 평화의 문제에 대한 온갖 고려사항을 논외로 하면, 군대를 이용한 국가의 이런 공적 활동 가운데 민주주의의 원재료'가 보편적 인간성을 확인하는 경험으로 바뀔 수 있다. 이런 경험 없이는 국가가 장기적으로 건강한 상태를 유지할 수 없다. 이와 같은 경험이 바로 사

* 민주주의의 근본 가치(인간 존엄성, 자유, 평등)—옮긴이.

랑이라는 윤리적 전제가 실현될 수 있는 기반이 되는 것은 결코 우연이 아니다.

그렇다면 인격 존중이라는 것은 로마인 장교와 예수의 사례에서처럼 애초에 지위라는 무거운 짐을 벗어 버린 사람들 사이에 적용될 수 있다. 그러면 그 이후에는 어떻게 될까? 각 사람은 상대의 자리에서 그를 만나고 그가 이미 이상적인 자리에 이른 사람처럼 대한다. 이 지점에서 우리는 사랑이 작동하는 영역에 들어서게 되는데, 이 사랑은 특수하거나 제한된 상황에 얽매이지 않는 보편적 특성을 드러낸다.

예수는 사랑을 어떻게 정의했을까? 어느 날 한 여인이 간음하다 잡혀서 예수에게로 끌려왔다. 그녀를 데려온 무리의 대변자는 그녀가 간음하다 현장에서 잡혔으니 율법에 따라 돌로 쳐 죽여야 한다고 말했다. "당신은 어떻게 판단하십니까?" 무리가 예수에게 캐물었다. 그들에게 그녀는 여인이 아니었고 사람도 아니었으며, 인간의 본질적 존엄과 가치마저 내던진 간음한 자에 불과했다. 예수가 말했다. "너희 가운데서 죄가 없는 사람이 먼저 이 여자에게 돌을 던져라"(요 8:7, 새번역). 그 후에는 예수가 은연중에 말한 것처럼 누구나 돌을 던질 수 있었다. 그런데 그 차분한 말이 그 자리에서 폭발을 일으켰고, 그때 비친 날카로운 광채 속에서 각 사람은 문자 그대로 자신의 실체를 보았다.

그 순간 그들은 다른 사람의 행동이 아니라 자신의 행동을 심판하는 존재였다. 간음한 여인도 같은 광채 속에서 자신을 그저 원초적 욕정과의 싸움이라는 그물망에 걸린 한 여자로 보았다.

언제나 신사적이었던 예수는 자기 앞에 서 있는 여인을 바라보지 않았다. 대신 땅을 바라보고 생각에 잠겼다. 시간을 넘어 영원에 닿는 놀라운 순간이었다!

예수는 기다렸다. 남자들이 하나둘씩 사라졌다. 여인만 남았다. 아무런 외침도 들리지 않자 예수는 눈을 들어 여자를 바라보았다. "너를 고발하던 그들이 어디 있느냐? 너를 정죄한 자가 없느냐?"

"주여, 없나이다."

"나도 너를 정죄하지 아니하노니 가서 다시는 죄를 범하지 말라"(요 8:10-11).

이 사건은 예수가 어떻게 인격을 존중하는지를 잘 보여 준다. 예수는 여인을 그녀가 있던 자리에서 만났고, 그 여인이 이제부터 있고자 하는 자리에 이미 도달한 것처럼 대하였다. 여인을 대할 때 예수는 여인을 "믿어 주어" 그녀의 가능성을 실현하게 해 주었다. 그녀의 자신감을 북돋아 주었다. 예수는 그녀의 머리보다 높은 곳에 왕관을 올려두었고, 그녀는 그 왕관을 쓸 수 있을 만큼 자라기 위해 남은 평생 노력할 것이었다.

마침내 자유, 마침내 자유.

전능하신 하나님, 저는 마침내 자유를 얻었습니다.

여기서 중요한 문제는 이것이다. 개인적인 만남의 강렬함 가운데 형성된 이 태도가, 극적인 사건이 아닌 일상 속에서도 계속 나타날 수 있을까? 나는 그렇다고 생각한다. 이 태도는 구체적인 경험에 뿌리를 두어야 한다. 사람들 일반에 대한 좋은 감정이 아무리 많고 선의가 아무리 넘쳐난다 해도 구체적 경험을 대체할 수 없다. 이런 태도는 내면의 힘이 발휘된 결과로서, 누구나 충분히 여기에 도달할 수 있다. 원수를 사랑하라는 설교와 고귀하고 거룩한 권고를 아무리 늘어놓아도 그것만으로는 이러한 결과를 얻을 수 없다. 이런 태도의 중심에는 개인적 승리의 경험이 있어야만 지속할 수 있는 고된 훈련이 있다. 특권을 누리는 사람과 그렇지 못한 사람이 따라야 할 윤리적 요구는 동일하다.

권리를 빼앗겼으나 사랑으로 증오를 극복하려 애쓰는 사람에게는 또 다른 중요한 특성이 있다. 자신의 깊은 상처를 인식하고 있다는 것이다. 그는 용서하는 것이 거의 불가능하다고 여긴다. 그는 이유 없이 그런 깊은 상처를 입었기 때문이다. 그것은 어떤 못된 짓을 하거나 일부러 다른 사람을 괴롭혀서 찾아온 결과가 아니었다. 그는 다른 사람의 눈과 기준에 비친 자신의 모습 때문에 불이익을 받는다. 계속해서 증오를 품게 만드는 보복 의지에서 어떻게든 벗어나야 한다. 몇 년 전 아라비아에서 사역하는 미국인 선교사가 영국인에 대한 그곳 사람들의 태도에 대해 강연하는 것을 들은 적이 있다. 그가 아랍인 친구와 함께 보트를 타고 강을 내려가는데, 영국 요트 한 척이 지나갔다고 했다. 아랍인 친구는 억제된 분노를 드러내며 이렇게 말했다. "빌어먹을 영국놈들."

"왜 그런 말을 하세요? 영국인들은 보건 등의 측면에서 당신 나라에 도움이 되는 일을 했습니다. 나는 이해가 안 되네요."

"내가 '빌어먹을 영국인들'이라고 말한 이유는 저들은 자기들이 나보다 낫다고 생각하기 때문이오." 그에겐 적대적 의지가 계속 흘러나와 만들어진 극심한 원한이 있었다.

사랑이 작동하려면 먼저 피해자가 자신에게 상처를 입힌 집단을 용서할 필요가 있다는 것은 분명하다. 〔그러나〕 권리를 빼앗긴 사람들에게 이것은 문제가 된다. 앞에서 말했지만, 답은 간단하지 않다. 합리적으로 숙고한다고 해서 완전히 만족스러운 대답은 아마 없을 것이다. 쥐가 자기를 잡아먹는 고양이를 용서할 수 있을까? 예수는 남에게 상처를 주는 행위에는 무책임하고 비이성적인 요소가 있다는 것을 확신하면서 모든 용서의 행위를 다룬 것 같다. 예수는 어떤 악행도, 그리고 어떤 선행도 행위자의 마음을 완전히 드러내는 일로 설명하지 않았다. 한번은 누군가 그를 "선한 선생님"이라고 부르자 예수는 이렇게 대답했다. "어찌하여 나를 선하다 일컫느냐. 하나님 한 분 외에는 선한 이가 없느니라"(눅 18:18-19).

일흔 번씩 일곱 번이라도 용서해야 한다는 예수의 주장에는 세 가지 이유로 용서가 필수적이라는 가정이 깔려 있는 것 같다. 첫째, 하나님은 우리가 의도적 또는 우발적으로 저지른 일들을 거듭거듭 용서하신다는 것이다. 여기에는 우리의 태도에 달린 요소가 존재한다. 우리의 태도를 초월하는 용서는 하나님의 은총의 역사로 해석된다. 둘째, 어떤 악행도 행위자의 의도를 완전히 드러내지 않는다는 것이다. 셋째, 악행자는 처벌을 피하지 못한다는 것이다. 삶은 그 자체로 속박이다. 밀물과 썰물처럼 움직이는 드넓은 도덕법의 흐름 속에서 우리의 행위가 우리를 추적하고, 행위자와 행위가 만난다. "원수 갚는 것은 내가 할 일이니, 내가 갚겠다"(롬 12:19, 새번역). 상처를 입은 순간이나 천천히 타오르는 적개심의 불길 속에 있을 때는 이런 말이 별로 위로가 되지 않을 수 있다. 〔그러나〕 이것은 치유되지 않은 깊은 상처를 마침내 받아들일 수 있는 궁극적 근거다. 다른 모든 수단이 소진되었을 때, 사람은 자기 입으로 이렇게 속삭인다. "용서가 주께 있[습니다]"(시 13:4, 우리말성경).

그렇다면 막다른 벽에 몰린 사람들에게 예수의 종교는
무엇을 말하는가? 그들은 직면한 문제의 본질을 가능한 한
명확하게 이해해야 한다. 그들의 두려움, 기만, 증오를 각
각 있는 그대로 인식해야 한다. 그런 다음에는 그것들을
파괴하는 법, 그것들의 지배에 휘둘리지 않는 법을 배워야
한다. 이러한 위대한 일을 추진하다 보면, 삶의 모순이 궁
극적인 것이 아니라는 게 점차 더 분명해질 것이다. 권리
를 빼앗긴 이들은 세상을 극복하는 데 헌신하는 영(靈)이
사람들의 삶과 마음속에서 일하고 있음을 깨닫게 될 것이
다. 그 영은 인간의 나이, 인종, 문화, 조건을 가리지 않는
보편적 존재다. 특권층이든 불우한 계층이든, 개인이 그 영
에 의지하여 헌신하고 훈련하기만 한다면 현재의 혼돈 속
에서도 하나님의 자녀의 고귀한 운명을 제대로 구현하며
살아갈 수 있다.

에필로그

누구나 인생을 어떤 방향으로 살아갈지 가능한 한 확고하게 설정할 필요가 있다. 인생 청사진을 그릴 때는 많은 요소를 고려해야 하는데, 그 과정에서 우리는 각 요소들의 진정한 의미를 왜곡하게 될 수도 있다. 인간인 우리는 그냥 생겨난 게 아니다. 우리는 태어났고 이름이 있고 조상이 있으며, 특정 문화의 산물이고 모국어가 있다. 즉, 한 국가에 속해 있다. 태어나면서 모종의 신앙을 배운다. 그뿐만 아니라 우리는 이 모든 조건과 독립된 사람으로서 모종의 흥미로운 방식으로 존재한다. 우리에게는 지극히 사적인, 자기만의 세계가 존재한다. 친밀하고 배타적이며 봉인된 세계다.

개인의 인생 청사진은 그의 모든 부분과 그가 삶의 과정에 반응하는 방식의 창의적 조합으로 구성된다. 한 사람의 인생 청사진이 틀릴 수 있다는 말은 터무니없다. 그의 청사진은 결실을 맺지 못할 수 있고 비관적일 수도 있지만 결코 틀린 것은 아니다. 왜냐하면 인생 청사진이 틀렸다는 판단은 그 조합이 특정한 종류나 성격을 띠기 마련이어서 결국 예정된 결말로 이어진다는 의미일 테니 말이다.

사람이 어떤 인생을 빚어낼지는 결코 미리 알 수가 없다. 같은 부모에게서 태어나 같은 환경에서 자라고 같은 문화에 푹 잠겼으며 동일한 신앙의 기반을 가진 두 사람이 있다고 해 보자. 자세히 들여다보면, 아니 대충 보기만 해도 두 사람이 각자 너무나 독특한 인생 청사진을 그렸고 매일 다른 길로 나아가며, 서로 점점 더 멀어진다는 것을 알 수 있을 것이다. 어쩌면 둘은 절대 만나지 않는 평행선을 따라 움직일지도 모른다.

그런데 인생 청사진의 기적은 늘 존재한다. 인류 역사에 이야기를 남기고 그 영향력이 사방으로 멀리 뻗어 나간 인물의 인생 청사진은 그의 삶의 의미만큼이나 중요하다. 우리는 그런 사람이 인생을 어떤 방향으로 살기로 결심했는지 알기 원한다. 그는 당대의 핵심 사안과 자신을 어떻게 연관시켰을까? 어떤 질문들에 답해야 했을까? 그는 자신의 가장 사적인 경험에 보편성을 부여해야 한다고 느꼈을까?

우리는 그런 인물에 주목해야 한다. 그의 삶이 인류 역사에 미치는 영향이 매우 크기 때문이다. 인류 역사는 그런 개인의 인생 청사진과 크게 다르지 않을 것 같다. 그 청사진은 그가 종종 거대한 역사의 흐름 속 비인격적 세력들의 엄청난 소용돌이에 휘말리고 인생의 파고를 타고 나아가면서 펼쳐진다. 한 개인이 역사적 사건 속에 이름을 남기고 독특한 성격과 인격을 형성하는 것은 보통의 성취가 아니다. 그 사람의 삶이 기록에 남아 있는 것만으로도 특별한 일이지만, 여기에는 그 이상의 의미가 있다. 그것은 그가 익명의 배경에서 벗어나 구체적이고 특별한 존재로 부상했다는 뜻이다.

나사렛 예수는 바로 그런 인물이다. 어떤 사람들은 그를 성취, 온전함, 완벽을 바라는 인류의 모든 갈망이 집약된 웅장한 원형으로 여긴다. 어떤 이들에게 그는 인류의 허다한 필요 위를 운행하는 '영원한 현존'이고, 몸과 영혼이 병든 사람들을 치유하고 삶의 긴 여정에서 지친 이들에게 힘을 주며, 운명의 숨겨진 목적들을 [인류] 공통의 유산으로 불러 낸다. 그런가 하면, 어떤 이들에게 그는 현존 이상의 존재이다. 인간의 죄와 비참함 속에 나타난 하나님의 진실, 신적인 순간이다. 또 다른 이들에게 그는 인생의 수수께끼에 대한 해답을 찾은 존재이고, 깊은 감사를 품게 된 그들은 그를 존경과 찬양을 받기에 더없이 합당한 이로 여긴다. 그들에게 그의 해답은 곧 인류의 해답이고, 그의 삶은 모두의 공유 재산이 된다. 그의 삶에서는 인생 청사진의 기적이 뚜렷이 나타난다. 그가 한 일은 모든 사람이 할 수 있는 일이기 때문이다. 이렇게 해석된 그는 어떤 시대, 인종, 신조의 전유물이 아니다. 그의 얼굴을 들여다볼 때 사람들은 거기 새겨진 자신의 영광스러운 가능성을 보고 마음속으로 속삭인다. "예수여, 고맙습니다. 하나님, 감사합니다!"